Manch' Blümlein wächst
an deinen Wegen,
Gott ließ sie wachsen
dir zu Freud' und Segen!
Drum nimm dir Zeit
im Weiterschreiten,
Hellen Auges mußt du gehen,
Und Gottes väterliches
Führen, Leiten
Läßt dich viele, nie geschaute
Wunder sehen!

Ernst von der Heide

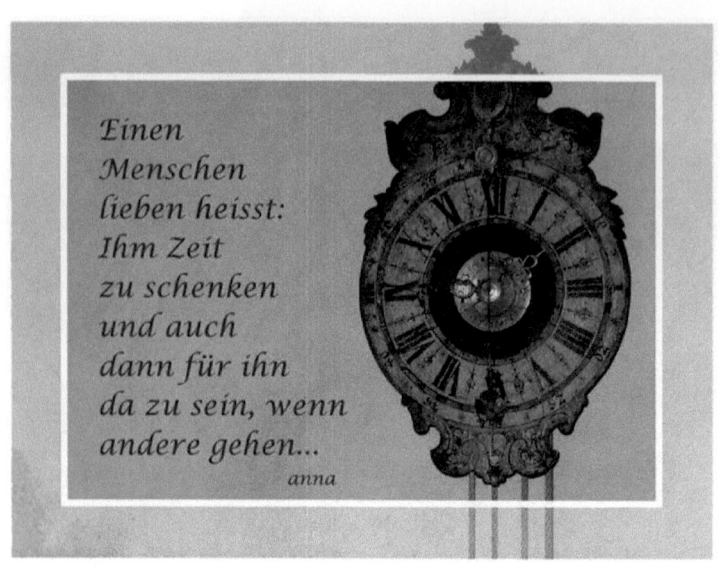

Einen
Menschen
lieben heisst:
Ihm Zeit
zu schenken
und auch
dann für ihn
da zu sein, wenn
andere gehen...
anna

Ein kluger Engel

Als ein unglücklicher Mensch der sich
nicht beherrschen konnte auf einen Engel
traf, bat er ihn darum, ihm einen Weg zu
zeigen wie er lernen könne alle Menschen
die er liebt, liebevoll zu behandeln.
Da gab der Engel ihm einen Sack voll
Nägel. „Jedes Mal wenn du jemanden den
du liebst verletzt, körperlich, seelisch oder

geistig, schlage einen Nagel in den
Gartenzaun"

Am 1. Tag schlug er 35 Nägel in den
Gartenzaun.

In den folgenden Wochen lernte er sich zu
kontrollieren und er musste immer
weniger Nägel in den Zaun schlagen. Er
merkte, dass es anstrengender war Nägel
zu schlagen als sich zu beherrschen.

Endlich kam der Tag an dem er keinen
Nagel mehr schlagen musste.

Also ging er wieder zu dem Engel und
erzählte ihm stolz von seinem Erfolg. Der
Engel aber sagte, er solle von nun an
jeden Tag an dem er frei von negativen
Gedanken sei, einen Nagel aus dem Zaun
heraus ziehen.

Nach einigen Monaten war er so weit und
kein Nagel steckte mehr im Zaun.

Da kam der Engel und sprach:" Du hast
dich gut entwickelt, doch schau den
Gartenzaun an. Er ist voller Löcher und er
wird nie mehr so sein wie früher." Jedes

Mal wenn du dich über jemanden den du liebst beklagst, weil er nicht so ist wie du ihn haben möchtest und du schlecht mit ihm umgehst, dann lässt das eine Wunde in seinem Herzen zurück, wie diese im Zaun.

Deshalb achte und respektiere alles was du liebst, und verletze es nicht.

Bitte fang bei Dir selbst an: Denke nicht schlecht über Dich, verletze Dich nicht, urteile nicht zu streng über Dich, sondern fang' an Dich zu lieben – denn Du bist wundervoll und einzigartig!

Ein Professor belehrt seine Schüler

Ein Professor stand vor seiner Philosophie-Klasse und hatte einige Gegenstände vor sich. Als der Unterricht begann, nahm er wortlos einen sehr großen Blumentopf und begann diesen mit Golfbällen zu füllen. Er fragte die Studenten, ob der Topf nun voll sei. Sie bejahten es.

Dann nahm der Professor ein Behältnis mit Kieselsteinen und schüttete diese in den Topf. Er bewegte den Topf sachte und die Kieselsteine rollten in die Leerräume zwischen den Golfbällen. Dann fragte er die Studenten wiederum, ob der Topf nun voll sei. Sie stimmten zu.

Der Professor nahm als nächstes eine Dose mit Sand und schüttete diesen in den Topf. Natürlich füllte der Sand den kleinsten verbliebenen Freiraum. Er fragte wiederum, ob der Topf nun voll sei. Die Studenten antworteten einstimmig mit „ja".

Nun holte der Professor zwei Dosen Bier unter dem Tisch hervor und schüttete deren ganzen Inhalt in den Topf – und füllte somit den letzten Raum zwischen den Sandkörnern aus. Die Studenten lachten.

„Nun", sagte der Professor, als das Lachen langsam nachließ, „ich möchte, dass Sie diesen Topf als die Repräsentation Ihres Lebens ansehen. Die Golfbälle sind die wichtigen Dinge in Ihrem Leben: Ihre Familie, Ihre Kinder, Ihre Gesundheit, Ihre Freunde, die bevorzugten, ja leiden-schaftlichen Aspekte Ihres Lebens. Also alle die Dinge, durch die Ihr Leben selbst dann noch erfüllend wäre, wenn Ihnen ansonsten alles verloren ginge und nur noch diese verbleiben würden. Die Kieselsteine symbolisieren die anderen großen Dinge in Ihrem Leben wie Ihre Arbeit, Ihr Haus, Ihr Auto usw. Der Sand schließlich ist alles andere, die Kleinig-keiten.

Falls Sie den Sand zuerst in den Topf geben", fuhr der Professor fort, „gibt es darin weder Platz für die Kieselsteine noch für die Golfbälle. Dasselbe gilt für Ihr Leben. Wenn Sie all Ihre Zeit und Energie in Kleinigkeiten investieren, werden Sie nie Platz haben für die wichtigen Dinge. Achten Sie auf die Dinge, welche Ihr Glück gefährden. Spielen Sie mit den Kindern. Nehmen Sie sich Zeit für eine medizinische Untersuchung. Führen Sie Ihren Partner zum Essen aus. Es wird immer noch Zeit bleiben, um das Haus zu reinigen oder Pflichten zu erledigen. Achten Sie zuerst auf die Golfbälle, die Dinge, die wirklich wichtig sind. Setzen Sie Ihre Prioritäten. Der Rest ist nur Sand."

Einer der Studenten erhob die Hand und wollte wissen, was denn das Bier repräsentieren solle. Der Professor schmunzelte: „Ich bin froh, dass Sie das fragen. Es ist dafür da, Ihnen zu zeigen, dass – egal, wie schwierig Ihr Leben auch sein mag – es immer noch Platz gibt für ein oder zwei Bierchen."

Ich bin gerne anders

Du bist anders … sagten sie.
Das sagen sie alle … sagte ich.
Du bist was Besonderes … sagten sie.
Und ich lächelte nur.
Du bist voller Sehnsucht … sagten sie.
Schon immer gewesen … gab ich zu.
Du bist ein Träumer … sagten sie.
Ja ich träume mich durchs Leben… meinte
ich.
Du fühlst zu viel … sagten sie.
Soll ich Gefühle vielleicht verstecken ?
Du willst zu viel … sagten sie
Ist „Alles" zu viel ? … fragte ich ?
Du bist anders … sagten sie.
Welch ein Glück ! … dachte ich nur, ich bin
gerne anders.

Der Festtagsbraten

In einem Vorort von Wien, es hätte auch in der Neustadt oder anderswo gewesen sein können, lebten in der hungrigen Zeit nach dem Krieg zwei nette alte Damen. Damals war es noch schwer, sich für Weihnachten einen wirklichen Festbraten zu verschaffen. Und nun hatte die eine der Damen die Möglichkeit auf dem Lande, gegen allerlei Textilien, eine wohl noch magere, aber springlebendige Gans einzuhandeln.

In einem Korb verpackt brachte Fräulein Agathe das Tier nach Hause. Und sofort begannen Agathe und ihre Schwester Emily das Tier zu füttern und zu pflegen. Die beiden Damen wohnten in einem Mietshaus im zweiten Stock und niemand im Haus wusste oder ahnte, dass in einem der Wohnräume der Schwestern ein Federvieh hauste, das verwöhnt, gefüttert und groß gezogen wurde.

Agathe und Emily beschlossen feierlich, keinem einzigen Menschen davon zu erzählen. Und dies aus zweierlei Gründen. Erstens gab es Neider, das sind Leute, die sich keine Gans leisten können und zweitens wollten die Damen nicht um alles in der Welt mit irgendeinem der Verwandten die später nudelfett gewordene und dann gebratene Gans teilen. Deshalb empfingen die beiden Damen auch sechs Wochen lang – bis Weihnachten – keinen Besuch. Sie lebten nur für die Gans. Und so kam der Morgen des 23. Dezember heran. Es war ein strahlender Wintertag, die ahnungslose Gans stolzierte zutraulich und vergnügt von der Küche aus ihrem Körbchen in das Schlafzimmer der beiden Schwestern und begrüßte sie zärtlich schnatternd.

Die beiden Damen vermieden es, die Gans anzusehen. Nicht weil sie böse auf sie waren, sondern nur, weil eben keine von ihnen die Gans schlachten wollte.

„Du musst es tun!", sagte Agathe, sprach'
s, stieg aus dem Bett, zog sich rasend
schnell an, nahm die Einkaufstasche,
überhörte den stürmischen Protest ihrer
Schwester und verließ in großer Eile die
Wohnung. Was sollte Emily tun? Sie
murrte vor sich hin, dachte darüber nach,
ob sie vielleicht einen Nachbarn bitten
sollte, der Gans den Garaus zu machen,
aber dann hätte man einen großen Teil
von dem gebratenen Vogel abgeben
müssen, also schritt Emily zur Tat, nicht
ohne dabei wild zu schluchzen.
Als Agathe nach geraumer Zeit
wiederkehrte, lag die Gans auf dem
Küchentisch, ihr langer Hals hing
wehmütig pendelnd herunter. Blut war
keines zu sehen, aber dafür alsbald zwei
liebe alte Damen, die sich weinend
umschlungen hielten. Wie, wie …",
schluchzte Agathe, „wie hast Du es
gemacht?" „Mit dem Veronal", wimmerte
Emily. „Ich habe ihr einige Deiner Schlaf-

tabletten auf einmal gegeben, jetzt ist sie tot." Schluchzend fuhr sie fort: „Huh … rupfen musst Du sie – huhuhu …" So ging das Weinen und Schluchzen in einem fort. In der Küche stand das leere Körbchen, keine Gans, kein schnatterndes „Guten Morgen" mehr. So saßen die beiden eng umschlungen   auf dem Sofa und schluchzten trostlos. Endlich raffte sich Agathe auf und begann, den noch warmen Vogel zu rupfen. Federchen um Federchen schwebte in einen Papiersack, den die unentwegt weinende Emily hielt. Und dann sagte Agathe: „Emily, Du nimmst die Gans aus" und verschwand blitzartig im Wohnzimmer, warf sich auf das Sofa und verbarg ihr Gesicht in den Händen. Emily eilte der Schwester nach und erklärte, es einfach nicht tun zu können. Man be-schloss, nachdem es mittlerweile spät geworden war, das Ausnehmen der Gans auf den nächsten Tag zu verschieben.

Am zeitigen Morgen wurden Agathe und Emily geweckt. Mit einem Ruck setzten sich die beiden Damen gleichzeitig im Bett auf und stierten mit aufgerissenen Augen und offenem Mund auf die Küchentür. Herein spazierte, zärtlich schnatternd, wie all die Wochen zuvor, wenn auch zitternd und frierend, die gerupfte Gans.

Es ist wirklich wahr und kommt noch besser.

Als ich am Weihnachtsabend zu den beiden Damen kam, um ihnen noch rasch zwei Päckchen zu bringen, kam mir ein vergnügt schnatterndes Tier entgegen, das ich nur wegen des Kopfes als Gans erkennen konnte, denn das ganze Vieh steckte in einem liebevoll gestrickten Pullover, den die beiden Damen in hastiger Eile für ihren Liebling gefertigt hatten.

Es wurde dennoch ein schönes und glückliches Weihnachtsfest, auch ohne Festtagsbraten. Diesmal zu dritt. Die

beiden älteren Damen und ihre Gans. Die Pullovergans lebte noch weitere sieben Jahre und starb dann eines natürlichen Todes.
(Verfasser unbekannt)

Eine wertvolle Lektion

Ein wohlbekannter Sprecher startete sein Seminar, indem er einen Scheck von 40 EURO hoch hielt. In dem Raum saßen insgesamt 200 Leute.
Er fragte:
Wer möchte diesen Scheck haben?
Alle Hände gingen hoch.
Er sagte:
Ich werde diesen 40 EURO Scheck einem von Euch geben, aber zuerst lasst mich eins tun.
Er zerknitterte den Scheck.
Dann fragte er:

Möchte ihn immer noch einer haben?
Die Hände waren immer noch alle oben.
Also erwiderte er:
Was ist, wenn ich das tue?
Er warf ihn auf den Boden und rieb den
Scheck mit seinen Schuhen am dreckigen
Untergrund.
Er hob ihn auf, den Scheck; er war
zerknittert und völlig dreckig.
Nun, wer möchte ihn jetzt noch haben?
Es waren immer noch alle Arme in der
Luft. Dann sagte er:
Liebe Freunde, wir haben soeben eine
sehr wertvolle Lektion gelernt. Was auch
immer mit dem Geld geschah: Ihr wolltet
es haben, weil es nie seinen Wert verlor.
Es war immer noch und stets 40 EURO
wert.
Es passiert oft in unserem Leben, dass wir
abgestoßen, zu Boden geworfen,
zerknittert, und in den Dreck geschmissen
werden. Das sind Tatsachen aus dem
alltäglichen Leben.

Dann fühlen wir uns, als ob wir wertlos wären.

Aber egal was passiert ist oder was passieren wird, Du wirst niemals an Wert verlieren. Schmutzig oder sauber, zerknittert oder fein gebügelt, Du bist immer noch unbezahlbar für all jene, die dich über alles lieben.

Der Wert unseres Lebens wird nicht durch das bewertet, was wir tun oder wen wir kennen, oder wie wir aussehen, sondern dadurch wer Du bist.

Du bist was Besonderes und wertvoll – Vergiss das NIEMALS!

Und denk daran: Einfache Leute haben die Arche gebaut – Fachmänner die Titanic."

Du fühlst Dich aber nicht wertvoll? Kritisierst Dich ständig selbst? Hast gute und schlechte Tage? Findest andere Menschen perfekter, liebenswerter? Dann ist unser **Kurs in Selbstliebe** genau das Richtige für Dich. Denn nur wer sich selbst liebt, wird auch geliebt. Also fang am Besten jetzt an... Viel Spaß dabei...

Wenn Dir jemand ein Geschenk machen will

In Indien lebte ein Meister, dessen Schüler von seiner Weisheit und seinem universellen Wissen seit vielen Jahren profitieren.
Eines Tages, als er wieder einmal mit seinen Schülern zusammensitzt, stürzt ein aufgeregter, böser Mann auf ihn zu. Er bleibt stehen und lässt anschließend eine regelrechte Hasstirade gegen den Meister los. Er verhöhnt ihn, beschimpft ihn, er lacht ihn aus. Doch der Meister bleibt weiter im Schneidersitz, blickt den bösartigen Besucher gütig lächelnd an – und reagiert überhaupt nicht.

Nach einiger Zeit verschwindet der aufgebrachte Genosse und seine Schüler fragen ihn, warum er sich denn überhaupt nicht gegen die bösen Vorwürfe, Verleumdungen und Beschimpfungen wehrte. Daraufhin antwortet der Meister: „Wenn Dir jemand ein Geschenk machen will und Du nimmst es nicht an – wer hat es denn dann? Immer noch der Andere...!"
Fazit: **Niemand kann Dich beschimpfen, niemand kann Dich kritisieren, niemand kann Dich auslachen** – außer Du lässt es zu und nimmst dieses Geschenk an.

Nicht die Gesunden, sondern die Kranken

Mein Kollege besuchte für eine Routineuntersuchung seinen Hausarzt. „Wissen Sie, Herr Pfarrer," sinnierte der Mediziner, während er den Blutdruck maß, „ich gehe aus Prinzip nicht in die Kirche. Im Sonntagsgottesdienst tun alle so, als könnten sie kein Wässerchen trüben. Aber in der Woche verhalten sich die sogenannten Christen nicht besser als alle anderen Menschen, die lügen und betrügen. Das kann ich auf den Tod nicht leiden." Der Mediziner hatte offensichtlich eine hohe Meinung von der Kirche. Seiner Ansicht nach war der Gottesdienst eine Art Versammlung der Perfekten und Unfehlbaren. Wäre das so, dann herrschte gähnende Leere in den Kirchen landauf landab. Nicht einmal eine Pastorin oder ein Pfarrer wäre sonntags anzutreffen. „Nicht die Gesunden brauchen den Arzt, sondern die Kranken. Ich bin gekommen, um die Sünder zur Umkehr zu rufen, nicht die Gerechten!" Kirche ist für Menschen da, die nicht frei sind von Fehlern und Verfehlungen. Weil ihnen Vergebung zuteil wird. Kirche ist für Menschen da, die am Ende sind. Weil Christus ihnen einen neuen Anfang schenkt. Was soll man dem Arzt sagen? Etwa: „Herr Doktor, ich würde gerne öfter zu ihnen kommen. Aber bei ihnen sind immer so viele Kranke in der Praxis. Wenn es nur noch Gesunde bei ihnen gibt, lasse ich mich wieder bei ihnen blicken?"

Hauke Christiansen

Das Thorner Blutgericht 1724

Das Blut des Bürgermeisters der polnischen Stadt Thorn und neun weiterer Protestanten floss am 07.12.1724 auf dem dortigen Markt. Nachdem die Gegen-reformation die damals überwiegend evangelische Bevölkerung unter Druck gesetzt hatte, war ein Kloster von wütenden Protestanten verwüstet worden.
Die Regierung reagierte mit der Hin-richtung von zehn Protestanten, die sich

geweigert hatten, katholisch zu werden. **So wurden damals ökumenische Probleme gelöst!**

Botschaften von anderen Christen

Heute erhalten wir Botschaften von Christen aus anderen Kontinenten, die unser Christenleben als lau, angepasst oder kurzatmig kritisieren. Früher versetzte euer Glaube Berge. Heute steht euer Glaube vor einem Berg von Fragen. "Raubt die Vernunft dem sogenannten christlichen Abendland seine metaphysische Grundlage? Kann ich an einen Gott glauben, der auf einem Esel dahergeritten kam, an einen allmächtigen Schöpfer und Erhalter angesichts von Welthorrozenarien? Welche Rolle spielt mein christliches Bekenntnis in den

Schrecken und Kümmernissen meiner kleinen Lebenswelt?
Nach reformatorischer Einsicht bedeutet Glaube **weder Wissen noch Tun.** Glaube ist eine Vita Passiva, ein Empfangen von Gott!

Hauke Christiansen

Wo die Mächtigen sich küssen lassen

Aktuelle Kirchenverlautbarungen klingen heute immer noch entschieden unverbindlich. Kein Wunder, dass Menschen sich von der Kirche abwenden und lieber Karneval und Fastnacht feiern und in den Straßenumzügen und Narrensitzungen verspotten, was ihnen in Kirche und Gesellschaft missfällt. Doch in diesen närrischen Witzen steckt Wahrheit: nämlich die Sehnsucht nach einer anderen Welt. Karneval und Fastnacht zelebrieren eine fröhliche Welt, in der Soldaten nur

noch tanzen, wo Kanonen Konfetti ver-
schießen, wo Phantasie wichtiger ist als
Geld und wo die Mächtigen sich küssen
lassen.
Sonne und Schild

In der Truhe

In der Truhe meines Glaubens fand ich das
Goldstück: Ich trug es hinaus ins Licht. Es
glänzt und glänzt und verbraucht sich
nicht.
Die sich schonen, verlängern ihr Leben
nicht, die sich verbrauchen, erhalten es
zurück, hat Jesus gesagt.
Jeden Morgen hebe ich meine Hände auf,
um an den Himmel zu klopfen, für die
Menschen, die kurze Arme haben.
Am Mittag singe ich ein Lied von der Treue
Gottes für sie und für mich und höre auf
das Echo, das zurückkommt.

Am Abend halte ich fünf Minuten inne und schaue auf den Weg zurück: Ich sehe deine Fußspuren, Gott, und danke dir.
Sonne und Schild

Hören wir doch Gottes Meinung

Glücklicherweise müssen wir nicht grübeln, ob Gott Mozart oder Buxtehude liebt, ob er lieber mit guten theologischen Gedanken oder im Schweigen angebetet und verherrlicht werden will.
Er hat sich glücklicherweise selbst geäußert: „Tut eure bösen Taten aus meinen Augen, lasst ab vom Bösen! Lernet Gutes, trachtet nach Recht, helft den Unterdrückten, schafft den Waisen Recht, führt der Witwen Sache!"
Mir scheint, dass man wenig Worte machen muss: Wer so zu leben versucht, weiß, was im Gottesdienst gesagt werden muss und worüber man besser schweigt.

Heute fragt man, ob denn der Gottesdienst den Besuchern auch gefalle und ob
sie zufrieden sind. **Fragen wir doch lieber,
ob Gott mit dem Gottesdienst zufrieden
ist. Ob ihm dieser gefällt?**
Aus chrismon

Dein Name kommt auch darin vor

Wir haben schon alle in unserem Leben
Spötter kennen gelernt. Sie haben von sich
eine hohe Meinung und glauben andere
Menschen mit ihrem Spott treffen zu
können. Sie denken dabei noch, dass sie
intelligent sind und merken oft nicht, **wie
geistig tief stehend sie sind.** Wenn einer
spottet, beweist er nur, dass er den Gegen-
stand seines Spottes **überhaupt nicht
verstanden hat.**

Nun gibt es aber auch ganz einfache
Menschen, die kaum Bildung besitzen,
aber mit erstaunlicher geistiger Würde

solchen Spöttern antworten können. Eine solche Geschichte habe ich unlängst gelesen, die mich sehr beeindruckt hat. Deshalb möchte ich sie hier wiedergeben:

„Ein Holländer, der sich am Kap angesiedelt hatte, sah einmal einen armen Hottentotten in der Bibel lesen und sagte verächtlich zu ihm:
„Leg das Buch fort, das ist nicht für deinesgleichen!"
Ruhig erwiderte der Schwarze: **„Es ist doch für mich, Herr!"**
„Wie willst du das denn wissen?"
„Nun, war dieselbe ruhige Antwort, weil mein Name darin vorkommt!"
„Dein Name, fragte der Holländer erstaunt. Wo denn?"
Hier, Herr, sagte der Mann, indem er auf die oben aufgeschlagene Seite zeigte und den Finger auf den Spruch legte: **„Das ist je gewisslich wahr und ein teuer wertes Wort, dass Christus Jesus gekommen ist in die Welt, die Sünder selig zu machen."** 1.Tim.1.15

Und dann fügte er hinzu: **„Sünder"** „Das ist mein Name und deswegen ist dies Buch auch für mich!"

Es kommt also nicht darauf an, wie gebildet einer ist, sondern welche **Herzensstellung** er hat und in welcher **Demut** er zum Himmel aufschaut. Diese kleine Geschichte macht uns deutlich, wie **geistig tief** ein Mensch sein kann und **nichts begriffen** hat von dem, was Gott uns zu sagen hat. Die Bibel ist ein **Liebesbrief** unseres Vaters im Himmel, der uns alle gemacht hat und uns hat werden lassen. Dieses Wissen in sich tragend und voll Demut zu sein, lässt uns zu solch geistiger Größe werden, wie es in dieser Geschichte gezeigt wird. **Scheinbar** völlig unwissend und jeder Bildung fern, wird hier von einem Menschen Zeugnis gebracht von Gottes teuer, wahrem, wertem Wort. Der Spötter hätte selber besser etwas für seine Bildung getan, dann hätte er erkennen müssen, dass er selbst ein **Sünder** ist und Gnade bei Gott suchen müsste. Seine

angeblich so hohe Intelligenz wird hier für alle öffentlich selbst zum Spott.
Er machte sich selber vor Gott und der Welt zum Gespött!
So haben wir es schon oft erlebt, dass angeblich kluge Menschen sich dem Wort der Bibel entgegenstellten, aber dabei feststellen mussten, dass Gott sich nicht spotten lässt. Auch lässt sich über Gottes Wort **nicht diskutieren**, denn es ist die Wahrheit und über die Wahrheit kann man nicht diskutieren. Man kann sie auch nicht noch einmal erfinden. Wir können sie nur suchen und danach tun.
So bin ich gerne **der Wahrheit, Jesus Christus,** gefolgt und konnte erleben, dass ich immer auf **geradem** Wege meinen Lebensweg gehen konnte. Spötter, die sich mir nahen wollten, haben bei mir nicht bestehen können. Alles was sie sagten, war nicht mit meinem **gesunden Menschenverstand** vereinbar und daher für mich nicht akzeptabel. Sie haben nur bewiesen, dass ihre Bildung **ungenügend** war. Sie waren allerdings leider auch nicht bereit,

sich korrigieren zu lassen oder zu lernen. **Das hat mir aber nicht geschadet,** denn die Wahrheit, die ich gefunden habe, konnte mir nicht genommen werden. Mein Ziel steht fest die Herrlichkeit Gottes zu erreichen und das lasse ich mir nicht von irgendeinem Spötter zerreden. **Sie tun mir nur leid!**

Gottesbeweise

Solange die Menschen auf Erden leben, suchen sie Gott zu beweisen. Dieser Versuch beruht darauf, dass der Mensch seinen **Verstand** benutzt, um Gott zu finden. Dieses ist aber unmöglich. Der Verstand allein kann Gott nicht finden. Er braucht dazu ein **demütiges Herz,** aber das haben die wenigsten. Trotzdem kann man mit ein wenig Sachverstand und gesunden Menschenverstand der Wahrheit näher kommen. **Aber allein das demütige Herz genügt.**

Der theologische Gottesbeweis:

1. Jeder Plan setzt einen Planer voraus.
2. Das Universum ist **planvoll** angelegt.
3. Also gibt es einen Planer des Universums.
4. Dieser Planer ist **Gott.**

Gegentheorie Evolution:

Die Evolutionstheorie betrachtet das Universum und das Leben **als Produkt des Zufalls.**

Der moralische Gottesbeweis:

Es war der **einzige** Beweis, den Kant stehen ließ und ausführlich entfaltete. **Er schließt von einem vorhandenen Sittengesetz auf einen Gesetzgeber.**

1. Glückseligkeit, bedingt durch die Hervorbringung des höchsten Guts der bestmöglichen Welt, ist nur in Übereinstimmung mit der Sittlichkeit möglich.

2. Die Hervorbringung des höchsten Guts ist nur möglich, wenn eine oberste Ursache der Natur angenommen wird.

3. Diese oberste Ursache der Natur, die das höchste Gut hervorbringt, muss ein Wesen sein, **das Verstand und Willen** besitzt.

4. Dieses Wesen ist **Gott.**

Der Gottesbeweis aufgrund von Wundern weist auf einen transzendenten Urheber von **zahlreich bezeugten Wundern** hin:
Gott.

Jakob und Esau – eine seltsame Geschichte

Die beiden Brüder hatten sich entzweit, weil Jakob den Erstgeburtssegen von seinem Vater ergaunert hatte. Eine Gaunergeschichte also in der Bibel. War sie das wirklich? Oberflächlich betrachtet war es nicht schön von Jakob, dass er Esau den Erstgeburtssegen gestohlen hatte. Dafür wird er negativ in der Geschichte beurteilt. Die Unversöhnlichkeit mit seinem Bruder war die Folge und Jakob zog aus seiner Heimat in ein fremdes Land. Aber in der Fremde wurde er nicht froh, wohl aber reich und wohlhabend. Er wollte aber immer wieder nach Hause, fürchtete seinen Bruder Esau, der wohl immer noch unversöhnlich war.
So ganz unschuldig war aber Esau auch nicht, denn er verkaufte für ein Linsengericht seinen Erstgeburtssegen an

seinen Bruder Jakob. Er hat den Segen
verachtet!
**Jakob nutzte eigentlich nur die Stunde,
wo der Segen zu haben war!** Nutzen auch
wir die Stunde, wo der Segen zu haben ist.
Wann diese Stunde und wo sie zu finden
ist, **sollten wir immer wissen!**

Das Erkennungszeichen der Christen

Was tun Sie, wenn sie einen Krankenwagen mit Signalhorn kommen sehen und
hören? Als Autofahrer eine Rettungsgasse
freihalten. Als Fußgänger bleiben viele
stehen. Und als Christin oder Christ?
Es hat mich vor Jahren sehr berührt und
nachdenklich gemacht, als ich einen
älteren Kirchenvorsteher sagen hörte:
„Wenn ich einen Krankenwagen höre oder
sehe, halte ich immer kurz inne und

spreche ein stilles Gebet. Für den Kranken. Und für alle, die für ihn sorgen. Auch für diejenigen, die sich Sorgen machen." Manche mögen eine solche Haltung belächeln. **Ich halte sie für einen großen Schatz,** den wir heute wieder neu heben können. Für die Kranken zu beten, das hilft. Zuerst den Erkrankten selbst. Sie spüren durch das Gebet die Kraft, die ihnen von Gott geschenkt wird. Und wie gut tut es den Angehörigen zu erfahren: Da gibt es noch andere, die uns beistehen in dem Wunsch, die Krankheit zu überwinden.

Für Kranke zu beten hilft auch mir selbst. Es bestärkt mich in meinem eigenen Glauben, wenn ich auf Gottes heilende Kraft vertraue.

Einst war die Fürsorge um die Kranken eines der Erkennungszeichen der Christen. Sie haben miteinander und füreinander gebetet. Warum nicht noch immer in diese Gebetskette einstimmen?

Sonne und Schild

Gottes Antwort auf unsere Fragen

Mit Gott ins Gericht gehen. Ihm einmal die Meinung sagen. Eine Erklärung verlangen für das, was auf Erden geschieht, vor allem für das Leid und das Elend in der Welt. Wenn er allein die alles bestimmende Wirklichkeit ist, dann muss er ja auch dafür verantwortlich sein. Krieg, Terror, Diktatur und Tyrannei, Völkermord sind die dunkelsten Kapitel der Menschheitsgeschichte.

Gott aber hat gesagt: **„Du sollst nicht töten!"** Also hat diese dunkle Menschheitsgeschichte **nichts mit Gott zu tun!** Er hat aber immer seine Kinder bewahrt und eingegriffen, wenn es nötig war. Und wir haben sein Wort, dass nicht enttäuscht wird, wer sich auf ihn verlässt.

Sonne und Schild

Was ist Hoffnung?

Die Hoffnung ist ein goldenes Seil, das dich mit dem Himmel verbindet. Dieses Band hilft dir, den Kopf nicht hängen zu lassen, auch wenn viele Anfechtungen auf dich einstürmen. Ich weiche nie von deiner Seite und ich lasse deine Hand nie los. Aber ohne das Band der Hoffnung kann es sein, dass du den Kopf hängen lässt und dass deine Füße sich schwerfällig den Berg hinauf schleppen. Die Hoffnung lenkt deinen Blick von deinen Füßen weg und hin zu der herrlichen Aussicht, die dich oben erwartet. Du wirst dann er-innert, dass der Weg, den wir miteinander gehen, letztendlich in den Himmel führt. Wenn du an dieses wunderbare Ziel denkst, wird es weniger wichtig, wie beschwerlich oder leicht der Weg dorthin ist. Ich lehre dich, in deinem Herzen an zwei Dingen festzuhalten: meine ständige

Gegenwart und die Hoffnung auf den
Himmel.

Sonne und Schild

Gottes Zusage

Nichts kann dich von meiner Liebe
trennen. Lass diese göttliche Zusicherung
durch deinen Verstand in dein Herz und in
deine Seele dringen. Wenn du merkst,
dass Angst oder Sorgen in dir hoch-
kommen, dann halte dir immer wieder
diese bedingungslose Verheißung vor
Augen: **„Nichts kann mich von deiner
Liebe trennen, Jesus!"**
Das Elend der Menschheit ist zum Teil
darauf zurückzuführen, dass sich
Menschen ungeliebt fühlen. In widrigen
Umständen haben Menschen oft das
Gefühl, dass niemand sie liebe und alle sie
im Stich gelassen hätten. Dieses Gefühl

des Verlassenseins ist oft schlimmer als die eigentliche Anfechtung.

Gott aber sagt: Du darfst dir sicher sein, dass ich nie eines meiner Kinder im Stich lasse oder verlasse, **nicht einmal für kurze Zeit.** Ich lasse dich nicht im Stich, nie wende ich mich von dir ab. Meine Gegenwart wacht ständig über dir. Unauslöschlich habe ich deinen Namen auf meine Handflächen geschrieben.

Sonne und Schild

Von der Feldblume lernen

Ich fand eine Feldblume, bewunderte ihre Schönheit, ihre Vollendung in allen Teilen und rief aus: „Aber alles dieses, in ihr und tausenden ihresgleichen, prangt und verblüht, von niemanden beachtet, ja oft von keinem Auge nur gesehen!"

Sie aber antwortete: „**Du Tor!** Meinst du, ich blühe, um gesehen zu werden?

Meiner und nicht der anderen wegen blühe ich, blühe, weil es mir gefällt. Darin, dass ich blühe und bin, besteht meine Freude und meine Lust!"

Schopenhauer

Amseln

„Ich ritt über den großen Wiesenplan kilometerweit, nichts als Wiesen, und obwohl es Januar war, grünte das Gras noch, denn der Winter war mild, und die Wiesen waren voll sattschwarzer Maulwurfshaufen.
Ob die Maulwürfe nun die laue Luft unter der Erde spürten, oder ob sie den wach gewordenen Würmern und Engerlingen folgten, da unten regte sich **das Leben** und wechselte von der Wurm- in die Maulwurfsgestalt, und ich gewahrte, dass die Würmer auf ihren Winterausflügen sogar flüchtig wurden. Auf den Maulwurfshaufen saßen die **Amseln,** und sie waren

so schwarz wie die aufgestoßene Erde, und ich sah sie nicht, bis die Tritte der Stute den Wiesenboden ins Wanken brachten. Die **Amseln** flogen auf, und es war, als ob Erdklumpen aufflögen und mit ihnen **die Wahrheit**, dass alles von der Erde herkommt und dass auch ich, auf einem Stück Erde reitend, ein Stück Erde bin, dessen Hirn, ein verwandeltes Stück Erde, sich abmüht zu ergründen, ob ich morgen ein „**Nichts**" oder ein zu einer Schwingung verwandeltes Stück Erde im Weltall sein werde."

Tragen und einander helfen und lieben

Aber der Glanz und die Schönheit unserer Gemeinden liegt gar nicht in unserem Können, unserer Eleganz und unserer Kompetenz, unserer Superform und bestechenden Cleverness, sondern darin, **dass wir Gestürzte aufheben und Behinderte annehmen und Schwache tragen und einander helfen und lieben.** In der Gemeinde Jesu kommt es nicht darauf an, dass einer der Beste und der strahlende Sieger ist, sondern dass alle, auch die Schwachen und Kleinen, gemeinsam das Ziel erreichen. Der eigentliche Glanz der Gemeinde ist ihre Liebe.

Sonne und Schild

Ein Medikament für den Sonntag

„Sehr geehrter Herr Bayer!
Sie stellen Aspirin her, das gegen Schmerzen, Erkältung und Fieber Wunder wirkt. Die Bestandteile Ihrer Tablette erlauben es den Menschen, das Bett zu

verlassen und mit Kopfschmerzen, Muskelkrämpfen und Nervosität fertig zu werden. Ihr Mittel wirkt, wie ich feststellen konnte, ausgezeichnet am Montag, Dienstag, Mittwoch, Donnerstag, Freitag und vor allem am Samstag. Nur denen, die es am Sonntag nehmen, hilft es nicht. Die werden ihre Leiden und Schmerzen nicht los und können daher nicht zum Gottesdienst kommen. Können Sie Ihr Mittel nicht noch einmal überprüfen und etwas hineintun, **das auch an Sonntagen verlässlich wirkt?!**

Aus einem offenen Brief eines Pfarrers

Was wir von Kindern lernen können

Das Kind hat ein Grundvertrauen in Vater und Mutter, es hat ein Grundvertrauen in Gott, in Jesus. Gleichzeitig ist der innere

Blick **rein, noch nicht von Bosheit und Falschheit des Lebens infiziert, die das Herz verhärten.** Wir wissen, dass sie ihre Reinheit und Einfachheit bewahren. Die Kinder sind jedoch nicht diplomatisch. **Sie sagen, was sie fühlen,** sie sagen, was sie sehen, sie sagen, **was sie denken**, ganz direkt. Kinder sind aber keine falschen Personen, sie haben jene Wissenschaft der Doppelzüngigkeit noch nicht erlernt, die wir Erwachsenen leider erlernt haben. Die Kinder bringen in ihrer inneren Einfachheit außerdem die Fähigkeit mit, Zärtlichkeiten zu empfangen und zu geben. Kinder haben die Fähigkeit zu lächeln und zu weinen, zwei Dinge, die in uns Großen oft blockiert sind, derer wir nicht mehr fähig sind. Oft wird unser Lächeln zu etwas Leblosen, zu einem Lächeln, das nicht lebendig ist, oder auch zu einem künstlichen Lächeln, wie bei einem Clown. Die Kinder können uns also lehren, wieder zu lächeln und zu weinen.

Aber wir selbst müssen uns fragen, Lächle ich spontan, mit Frische, mit Liebe, oder ist mein Lächeln künstlich? Weine ich noch oder habe ich die Fähigkeit zum Weinen verloren? Zwei sehr menschliche Fragen, die uns die Kinder lehren. Aus all diesen Gründen lädt Jesus seine Jünger ein, wie die Kinder zu werden, **denn ihnen gehört das Reich Gottes.** Matth. 18.3

Papst Franziskus

Es ist nutzlos

In der Tat ist es nutzlos alle Heiligen Pforten sämtlicher Basiliken der Welt zu öffnen, wenn die Tür unseres Herzens für die Liebe verschlossen ist, wenn unsere Hände sich dem Geben verschließen, wenn unsere Häuser der Gastfreundschaft verschlossen sind und unsere Kirchen sich der Aufnahme verschließen.

Papst Franziskus

Die Achtung und die Demut

Die Achtung ist die Gabe edler und fein-
fühliger Seelen, sie ist den Menschen
eigen, die sich stets darum bemühen, den
anderen mit ehrlicher Achtung zu begegnen. Es sind Menschen, die verstehen
aufmerksam zuzuhören und höflich zu
sprechen.
Die Demut ist hingegen die Tugend der
Heiligen und der von Gott erfüllten
Menschen.
  Papst Franziskus

Mitleid

Wer von Mitleid erfüllt ist, wird zuver-
lässig keinen verletzen, keinen beein-
trächtigen, keinem wehe tun, vielmehr mit
jedem Nachsicht haben, jedem verzeihen,

jedem helfen, so viel er vermag, und alle seine Handlungen werden das Gepräge der Gerechtigkeit und Menschenliebe tragen.

Arthur Schopenhauer, Philosoph

Die Alten ehren

Eine Gesellschaft ohne Nähe, wo Unentgeltlichkeit und Liebe ohne Gegenleistung, auch unter Fremden, im Verschwinden begriffen sind, ist eine pervertierte Gesellschaft.
Die Kirche, dem Wort Gottes treu, kann solche Entartungen nicht dulden. Eine christliche Gemeinschaft, in der Nähe und Unentgeltlichkeit nicht mehr als unverzichtbar betrachtet würden, verlöre mit ihnen ihre Seele. Wo die alten Menschen nicht geehrt werden, gibt es keine Zukunft für die jungen Menschen.

Papst Franziskus

Ein Mensch der Gewaltlosigkeit
Mahatma Gandhi:

Gespräch zwischen einem Atheisten und einem Geistlichen:

„Nun, Sir, sie glauben an die Existenz Gottes?"

„Das tue ich", sagte der gute Mann   leise."

„Sie geben auch zu, dass der Umfang der Erde 28 000 Meilen beträgt, nicht wahr?" sagte der Atheist lächelnd.

„In der Tat." **„Dann nennen sie mir doch bitte, den Umfang ihres Gottes und sagen sie mir, wo er stecken mag."** Nun, wenn anders wir`s nicht wissen, **wohnt er in unserer beider Herzen."**

„Aber, aber halten sie mich doch nicht für ein Kind!", sagte der Atheist und blickte **triumphierend.** Der Geistige verfiel in demütiges Schweigen.

Dieses Gespräch vergrößerte meine Abneigung gegen den Atheismus.

Ein schrecklicher Sturm
Mahatma Gandhi:

Der Dezember ist in der südlichen
Hemisphäre ein Sommermonat des
Monsuns. Stürme, schwere und leichtere,
sind deshalb zu dieser Jahreszeit auf dem
südlichen Meer ziemlich üblich.
Der Sturm, der uns in seiner Gewalt hatte,
war so heftig und langwierig, dass die
Passagiere in Schrecken gerieten. Es war
eine erhabene Szene. Alle wurden eins im
Angesicht der gemeinsamen Gefahr. Sie
vergaßen ihre Unterschiede und begannen
an den einen und einzigen Gott zu denken,
Muslime, Hindus, Christen und alle.
Einige legten verschiedene Gelübde ab.
Auch der Kapitän nahm an ihren Gebeten
teil. Er versicherte ihnen, dass er, obwohl
der Sturm nicht ungefährlich war, schon
viel schlimmere erlebt habe, und erklärte
ihnen, dass ein gut gebautes Schiff fast
jedem Wetter standhalten könne. Aber sie

waren nicht zu beruhigen. Jede Minute hörte man krachende Geräusche, die Brüche und Lecks ankündigten. Das Schiff schaukelte und schlingerte dermaßen, dass es schien, als wollte es jeden Augenblick kentern.

Es war für jedermann ausgeschlossen an Deck zu bleiben. **„Sein Wille geschehe"**, war der einzige Schrei aus aller Munde. Soweit ich mich erinnere, müssen wir etwa 24 Stunden in dieser Notlage gewesen sein. Schließlich klärte sich er Himmel auf, die Sonne kam wieder zum Vorschein, und der Kapitän sagte, der Sturm habe sich gelegt.

Die Leute strahlten vor Freude, und mit dem Verschwinden der Gefahr verschwand auch der Name Gottes von ihren Lippen. Essen und Trinken, Singen und Vergnügen waren wieder an der Tagesordnung. Die Todesfurcht war vergangen, und die momentane Stimmung des ernsten Gebetes wich der Unkenntnis des wirklichen eigenen Selbst. Natürlich fanden vorgeschriebene Gebete wie üblich statt,

doch sie hatten nichts mehr von der
Feierlichkeit jener Schreckensstunde.

Wer ist Gott?

Wieder einmal geht es um die Frage, **wo
ist Gott, wer ist Gott?** Von den Ungläubigen wird behauptet, dass er gar nicht
existiert! Niemand hat ihn gesehen und
wenn es ihn gäbe, dann „**sollte er selbst
die Diskussion lautstark und eindeutig
zu seinen Gunsten entscheiden.**"
Gott sollte **lautstark** die Diskussion führen
und beweisen, dass es ihn gibt. Aber Gott
ist nicht laut in seiner Art. **Laut ist die
Vergänglichkeit, leise ist die Ewigkeit,
still zieht Gottes Wille über diese Erde.**
Wenn Gott das Wachsen der Pflanzen und
der Tiere und des Menschen in seinen
Händen hält, dann geschieht das **in aller
Stille**. Niemand hat das Wachsen gehört,
aber es geschieht. Manche aber hören doch
das Gras wachsen! So geht es eben zu auf

dieser Welt. Wer nun Gott nicht in seinen Werken und Handlungen erkennen und sehen will, **dem kann man nicht helfen.** Er bleibt ein **armer Mensch** ein Leben lang.

Stellen wir uns einmal einen Menschen vor, der eine große Summe Geld spendet, dabei aber anonym bleiben will. Niemand kann sagen wer der Wohltäter ist. Es käme auch niemand auf die Idee zu sagen: **„Diesen Wohltäter gibt es nicht! Er existiert nicht!"** Man würde es deshalb nicht sagen, weil man die Spende des Wohltäters sehen kann. Wer aber dennoch sagen würde, den Wohltäter gibt es nicht, den würde man als einen **merkwürdigen** Typ Mensch be- zeichnen **und ihn als geistig tiefstehend einschätzen, weil er eine Tatsache be- streitet.** **Genauso muss man das Bestreiten der Existenz Gottes bewerten.** Es zeigt eine **nicht große geistige** Leistung, weil man einfach nur bestreitet, was man nicht anerkennen will. Die Wohltaten Gottes, die man mit den Augen sehen und eigentlich nicht bestreiten kann, sind für uns alle so offensichtlich, dass wir nur mit Ehrfurcht von ihnen Zeugnis geben können.

Gott wünscht uns Liebe im Leben!

Liebe ist das zu fühlen, was andere fühlen!

Wenn wir schweigend bei jemanden sind, ihn umarmen oder hilfreich die Hand als Stütze reichen, gibt ihm das Kraft durchzuhalten.

Wer gerade Schweres durchleben muss, dem hilft es, wenn wir einfach nur schweigend bei ihm sind. **Das tut ihm gut!**

Wer mit einem anderen mitfühlt, drückt dadurch aus, ich weiß, dass du leidest, ich steh dir im Leid bei. Das Wissen, dass man in seinem Leid nicht allein ist, spendet einem Kraft und Leben. Das ist so wichtig **und das ist Liebe!**
Gott sieht unsere kleinen guten Taten! Wir brauchen Mut! Mut nicht zu schweigen, wenn etwas gesagt werden muss. Wir brauchen Mut nicht zu reden, wenn alles gesagt worden ist.

Wenn unsere Freunde durch unsere Offenheit abgestoßen werden, sind es keine Freunde!
Sünde besteht in der Unterlassung Gutes zu tun. **Sie macht das Herz hart**

Wie riecht nun die Hoffnung?

Zugegeben eine seltsame Frage, **aber ich denke, sie riecht so:**

Psalm 62,6 Aber sei nur stille zu Gott, meine Seele; denn er ist **meine Hoffnung.**

Psalm 71,5 Denn du bist meine Zuversicht, HERR, mein Gott, **meine Hoffnung** von meiner Jugend an.

Psalm 78,7 …dass sie setzten auf Gott **ihre Hoffnung** und nicht vergäßen die Taten Gottes, sondern seine Gebote hielten

Psalm 119,116 Erhalte mich durch dein Wort, dass ich lebe, und lass mich nicht zuschanden werden in **meiner Hoffnung.**

Psalm 146,5 Wohl dem, dessen Hilfe der Gott Jakobs ist, der **seine Hoffnung** setzt auf den HERRN, seinen Gott

Sprüche 10,28 Das Warten der Gerechten wird Freude werden; aber der **Gottlosen Hoffnung** wird verloren sein

Sprüche 22,19 Damit **deine Hoffnung** sich gründe auf den HERRN, erinnere ich daran heute **gerade dich.**

Sprüche 24,14 So ist Weisheit gut für deine Seele; wenn du sie findest, wird dir' s am Ende wohl gehen, und **deine Hoffnung** wird nicht umsonst sein.

Weish 3,4 Denn wenn sie auch nach Meinung der Menschen viel zu leiden haben, so sind sie doch erfüllt **von Hoffnung auf Unsterblichkeit.**

Der Fels des Glaubens

Aus dem Buch von Richard Dawkins „Der Gotteswahn" entnehme ich folgendes: **„Wissenschaft beschäftigt sich mit dem Alter der Felsen und Religion mit dem Fels des Glaubens. Wissenschaft fragt, wie der Himmel funktioniert, und**

Religion, wie man in den Himmel kommt." S. 80

Wir alle kennen den Fels des Glaubens, es ist Simon Petrus, den Jesus selbst so genannt hat. Auf diesen Grund wollte er, Jesus, seine Gemeinde bauen. Petrus war ein schwacher Mensch und er hat bitterlich geweint, als er seine eigene Schwachheit erkennen musste. Aber Jesus und sein Vater, haben ihn nicht verworfen und wir alle wissen, dass die Gemeinde der Christen auf **diesen „Felsen"** gebaut wurde. Wenn wir uns nun diese Gemeinde Christi ansehen, dann ist das eine **riesige, starke** Gemeinde geworden, die einmal erleben kann, **wie sie Jesus selbst in den Himmel führen wird.** Wer das nun nicht glauben will, der muss es auch nicht, denn Jesus zwingt niemanden zum Glauben und schon gar nicht in den Himmel. **Dort werden nur Freiwillige sein,** gegründet auf den Fels des Glaubens,

„Simon Petrus".

Wir alle haben schon einmal auf einem Berg gestanden, auf einem Felsen. Wer von uns hat da wohl die Frage gestellt: **„Wie alt ist dieser Felsen und wo kam er her?"** Mir ist diese Frage nicht in den Sinn gekommen. Ich gebe zu, dass es interessant ist, sie zu stellen, aber was hätte ich von ihrer Beantwortung. Sie nützte mir nichts für mein irdisches Leben, geschweige denn für mein ewiges Leben. **Sie hätte für mich keinen Nutzen oder Wert.** Warum sollte ich mich unnützerweise also damit beschäftigen und meine Zeit vertun? Wenn ich aber über den **„Fels des Glaubens"** nachdenke, wird mir klar, dass es **sehr wichtig** für mein Leben ist, diesem zu folgen. Er lehrt mich nämlich wie ich in den Himmel komme. Das ist für mich die Frage, **die alles entscheidet.**

Wenn die Wissenschaft nun fragt: **„Wie der Himmel funktioniert",** dann ist das wohl wieder interessant, aber völlig **bedeutungslos.** Keiner von uns weiß, wie das wohl dort sein wird und es ist müßig eine solche Frage zu stellen, wenn sie niemand beantworten kann. Wir können **nur ahnen**, wie es dort sein wird. In einem Lied heißt es:

„Einen Tag im Himmel leben, freuet mehr als tausend hier. Sollt` ich an der Erde kleben, die nur Trübsal bringet mir? Könnte ich auch tausend Jahre hier in eitler Freude sein, wär` es gegen jene wahre doch in Wahrheit eine Pein.

Hier ist Seufzen, hier sind Schmerzen, tausendfältiger Verdruss, und kein Mensch freut sich von Herzen, der den Tod befürchten muss. Aber dort sind keine Tränen, noch ein Leid, noch ein Geschrei, und der Tod kann allen denen, die dort leben, nicht mehr bei.

Ewig währet da die Wonne, ewig in der Gottesstadt, die die Herrlichkeit zur Sonne und das Lamm zur Leuchte hat. Jetzt noch kann` s kein Herz erkennen, wie man Ewigkeiten misst, noch ein Mund die Größe nennen, die bei solcher Freude ist. Gott zu schauen, Gott zu dienen, ist der Sel` gen Lust allein, denn er selber, Gott bei ihnen, wird ihr Gott auch ewig sein. Herr, entzünde mein Verlangen, zieh auf Erden meinen Sinn, dir alleine anzu-hangen, bis ich ewig bei dir bin!" altes GB NAK 514

Wenn ich über dieses Lied nachdenke, dann fühle ich Heimweh nach der Heimat in meinem Herzen. Wenn ich aber frage, wie die Wissenschaft **„wie funktioniert der Himmel,** dann empfinde ich nichts in meinem Herzen als **Ohnmacht,** weil ich nämlich so eine Frage nicht beantworten kann. Warum soll ich sie deshalb stellen und mich mit ihr beschäftigen. Es ist **reine Zeitverschwendung.**

Nicht vergessen

Ein Schriftsteller erinnert sich an seinen ersten Lehrer der Heiligen Schrift. Er be-schreibt, wie er als kleiner Junge einen

Abschnitt zuerst lesen und dann unzählige Male laut wiederholen musste, bis sich der Abschnitt ins Gedächtnis gebohrt hatte wie ein Nagel in hartes, widerspenstiges Eichenholz. Als er sich einmal ein Herz fasste und sagte: „Aber ich verstehe das doch gar nicht", erhielt er die Antwort: **"Du verstehst nicht? Nun, es geht auch nicht darum, dass du verstehst, sondern dass du nicht vergisst!"**
Wer mit dem Wort Gottes lebt, der weiß, dass es nicht wichtig ist alles zu verstehen, sondern **nicht zu vergessen.** Wenn ein Kind noch nicht alles versteht, weil es noch vieles lernen muss, dann wollen aber die Eltern, das es **nicht vergisst,** den heißen Ofen nicht anzufassen. Auch in diesem Falle ist es wichtig **nicht zu vergessen**, obwohl man es noch nicht versteht.
Das will auch Gott von uns, dass wir sein Wort **nicht vergessen,** auch wenn wir so manches noch nicht verstehen. Er gibt uns die Zusage, dass er uns auch nicht ver-gessen will, wenngleich eine Mutter ihres

Kindes vergäße, er, **Gott, will uns aber nicht vergessen.**

Möchtest du in dieser Gemeinschaft leben – in einer Gemeinschaft, in der Kleinmütige getröstet, Schwache geschützt, Haltlose zurecht gebracht werden, in der Bosheit nicht mit Bosheit vergolten wird, Fröhlichkeit nicht erstirbt, **in der für alles gedankt wird?**

Das ist Gemeinschaft nach Gottes Willen. Das klingt einfach – und ist doch so schwer zu verwirklichen. Wenn wir dabei scheitern, gilt die Zusage: **Gott ist treu, der lässt euch nicht im Stich.**

Unsere gefährdete Welt braucht Menschen, **die nicht aufgeben**. Sie braucht Menschen, die wissen, dass sie nicht aufgegeben sind, Menschen, die auf den Gott der Hoffnung bauen, Menschen, die zuversichtlich Ja sagen, wo so vieles für Nein spricht. Unsere gefährdete Welt braucht Menschen, die **Danke** sagen, wo so vieles für „Nein Danke" spricht. Sie braucht Menschen, die verantwortlich ans

Morgen denken, wo so viele sagen Hauptsache es reicht noch für Heute.

Wenn man sich der Arbeit, die einem anvertraut ist, wirklich hingibt, dann muss man sie mit **ganzem Herzen** tun. Und man kann Heil nur bringen, wenn man **aufrichtig** ist und wirklich mit Gott arbeitet.

Es kommt nicht darauf an wie viel wir tun, sondern wie viel **Liebe**, wie viel **Aufrichtigkeit,** wie viel **Glauben** wir in unser Tun legen.

Menschlich gesehen gibt es unzählige Möglichkeiten, die Bergpredigt zu verstehen und zu deuten. Jesus kennt nur **eine einzige Möglichkeit: einfach hingehen und gehorchen.** Nicht deuten, **anwenden,** sondern **tun, gehorchen.**

Glücklich,

wer etwas in Gang bringen kann, ohne sich in den Mittelpunkt zu stellen. **Glücklich,** wer sich für andere freuen kann, statt sie zu beneiden. **Glücklich**, wer anderen eine

neue Lebenssicht erschließt, und diese nehmen sie an und führen sie weiter.
Glücklich, wer sich auf die Beständigkeit seiner Freunde verlassen kann. **Glücklich,** wer im Glaubensmut der anderen seinen Glaubensmut gestärkt bekommt.

Ich will mich besinnen

Auf den Brunnen in mir, auf die Quelle des Lebens, die in mir sprudelt.
Ich will mich besinnen auf das Leben, das in mir sprudelt.
Ich will mich besinnen auf die Zeit meines Lebens, ewiges Leben sprudelt schon heute.

Weißt du, was mich traurig macht? Wenn einer **nicht sieht**, was vor Augen ist. Wenn einer **mit klugen Worten Dummheiten sagt.** Wenn einer **von Liebe redet, ohne zu lieben.** Wenn einer die

Wahrheit kennt, und doch mit der Lüge lebt.

Jesus Christus

Über Jesus wurde sehr viel geschrieben und ich selbst habe ihm **meine Weltanschauung** zu verdanken. Es gibt für mich keinen zweiten Menschen, der so klar und deutlich uns den Weg in den Himmel gezeigt hat wie er. **Das ist für mich der Beweis**, dass er **der Weg, die Wahrheit und das Leben ist**. Nach meinem gesunden Menschenverstand muss ich ihm folgen **ohne wenn und aber.** Wenn er sagte: **„Wer mich sieht, der sieht den Vater**, dann glaube ich ihm und er sagte weiter: **„Niemand kommt zum Vater, denn durch mich!"** Damit ist ganz eindeutig, dass es **keinen zweiten** Messias gibt! Wem sollten wir sonst folgen, wenn nicht ihm? In meinem Herzen habe ich gespürt, dass Gott selbst es ist, der zu mir sagt: **„Ich liebe dich!"** Das spürt schon ein Baby, ob es geliebt wird. Warum sollte ich deshalb so töricht sein und daran zweifeln, wenn mein Herz sagt: **„Gott hat dich je und je geliebt!"** Er wohnt in meinem Herzen! Dieses Wissen sagt mir: **„Ich weiß, dass es einen Gott gibt!"** Und **der in mir wohnt, hat mir etwas zu sagen**. Dieses Wissen möchte ich weitergeben. Es ist keine Weisheit, die ich mir selbst ausgedacht habe, denn ich habe **niemanden** etwas zu sagen, aber der, der in mir wohnt, hat etwas zu sagen, was ich unbedingt weitergeben möchte **und auf den sollten wir hören**. Deshalb frage ich, wer kann etwas Besseres sagen als Jesus Christus gesagt hat?

Aber es gibt andere Aussagen über Christus: **„Jesus hat überhaupt nicht gelebt!"** Wenn aber doch, so war er **„verrückt, verlogen oder Gott!"** Die Geburt von einer Jungfrau geht auf einen „Übersetzungsfehler" zurück, denn es hätte heißen müssen: „Geboren

**von einer jungen Frau!" Den vier
Evangelien kann man nicht glauben,
denn sie sind weiter nichts als
Legenden!**

Wenn das nun alles Legenden sind, warum
beschäftigt sich die Menschheit dann
damit? Wenn man behauptet, **dass Jesus
gar nicht gelebt hat**, warum schreibt man
über einen Menschen, den es gar nicht gab,
Bücher? Man müsste sich auch ent-
schließen, ob er verrückt oder verlogen
oder Gott war, aber er kann nichts davon
gewesen sein, wenn es ihn gar nicht
gegeben hat. Was ist so gewaltig, wenn
eine **„junge Frau"** ein Kind bekommt?
Über die **„Jungfrau"** aber sagt Maria in
ihrem Loblied Lukas 1.48:
**„Alle Menschen werden mich von nun
an glücklich preisen!"**
Mein gesunder Menschenverstand sagt
mir, dass solche Behauptungen **„unverschämt"** sind, denn sie weigern sich **der
Realität** ins Auge zu schauen. Die
Menschheit hat **anders** gelebt, wie es hier

behauptet wird. Sie haben Maria **glücklich gepriesen bis heute.** Sie haben Jesus als ihren Herrn und Messias **erlebt, und reden bis heute jeden Tag mit ihm.** Sie sind seiner Lehre **bis heute gefolgt und wurden glücklich unter seinem Wort**, das er von seinem Vater an uns weitergegeben hat. Sie können nicht erkennen und verstehen, warum er überhaupt verrückt, verlogen sein soll, **wohl aber wissen sie, dass er ein Gott ist!**

Das ist für mich der Beweis, dass Gott existiert! Da ich die Wahrheit gesucht und gefunden habe, habe ich Gott gefunden und warum soll ich diese Wahrheit be-streiten **und der Lüge folgen?**

Gute Gedanken

Gute Gedanken können wir gar nicht genug in uns aufnehmen, nur müsste man immer Zeit dafür haben. So wie unsere Gedanken sind, ist auch unser Leben. Wer Gutes denkt, wird auch Gutes in seinem Leben erfahren. Goethe sagte einmal: **„Denken ist besser als wissen!"** Darüber sollte man nachdenken. Es ist für mich eine tiefe Erkenntnis, die ich erst kürzlich bei Goethe gefunden habe. Aber eine gewaltige Aussage.

Ich beschäftige mich ja gern mit guten Gedanken und trotzdem möchte man manchmal alles Gedachte über Bord werfen. Wenn man aber ruhig bleibt und wirklich nachdenkt, dann staunt man, wie klar alles sein kann. Wichtig ist jedoch, dass wir uns nicht beirren lassen und Gutes, das in uns sein muss, wirken lassen.

Hier einige Zitate, die ich gestern in den Computer geschrieben habe (es waren 100 Zitate):

Ein Unverschämter kann bescheiden aussehen, wenn er will, **aber kein Bescheidener unverschämt.**

Lichtenberg

Schwere Ähren und volle Köpfe **neigen sich.**

Demut, diese schöne Tugend, ehrt das Alter und die Jugend.

Der höhere Mensch empfindet keine Verbitterung darüber, wenn ihn die Menschen nicht beachten.

Konfuzius

Siehe zu, dass du einen guten Namen behaltest! Der bleibt gewisser denn tausend Schätze Gold.

Sirach 41.15

Wenn jeder Fehler angemerkt wird, hört jeder Umgang auf.

Tadeln können zwar die Toren, **aber klüger handeln nicht.**

Verurteile **niemand,** bevor du in seiner Lage warst.

Talmud

Von Verdiensten, **die wir zu schätzen wissen,** haben wir den Keim in uns.

J.W.v.Goethe

Faulheit ist Dummheit des Körpers und
Dummheit ist Faulheit des Geistes.

Seume

Einen Teil sollst du verschenken. Einen
Teil sollst du ausgeben. Einen Teil sollst
du sparen.
Weil sie keine Gedanken auszutauschen
haben, tauschen sie Karten aus und suchen
einander Gulden abzunehmen.
O, klägliches Geschlecht!

Schopenhauer

Wenn die, die uns nachfolgen, uns nicht
mehr erreichen können, schwören sie
darauf, **dass wir uns verirrt haben.**

Ebner-Eschenbach

Das Schönste ist, gerecht zu sein, **das
Beste** die Gesundheit, **das Angenehmste**,
wenn man immer erreicht, was man will.

Sophokles

Beschäftigen wir uns immer mit guten Gedanken, **es gibt so viele davon.** Wir müssen das Gute in uns stark machen, **dann hat das Ungute keinen Platz in uns.** Lassen wir unser Herz **mit Liebe** füllen, dann wird auch nur Liebe daraus hervorgehen. Einer, der liebt, **der ist nicht laut,** der will **keinen Streit,** der führt **zusammen** und **spaltet nicht,** für ihn sind **alle** Menschen liebenswert, **weil sie Gottes Geschöpfe sind.**

Es geht um dich!

Wir haben schon viel in unserem Leben gelesen, viel gehört, was uns fasziniert hat, von dem wir begeistert waren und mussten erfahren, dass uns vieles angesprochen hat. Wir durften erfahren, dass alles Große **und alles was wir lieben uns bildet.** Wir haben immer die Wahl aus dem was uns begegnet auszuwählen. Lieben wir das Gute und Schöne, werden wir auch Gutes

und Schönes erleben. Immer wieder begegnen wir Menschen, die uns ihre geistigen Einsichten vermitteln wollen **und wir müssen uns entscheiden.**
Wie ist es aber mit dem Wort Gottes bzw. mit Gott und seinem Sohn Jesus Christus? Wir sind ihnen nicht persönlich begegnet **oder doch?** Dem Wort Gottes können wir jeden Tag folgen, wenn wir in der Bibel lesen oder am Sonntagmorgen den Gottesdienst besuchen. Die Lehre des Gottessohnes, Jesus Christus, **erleben wir jeden Tag,** wenn wir über das Leben Jesu nachgelesen haben. Wir kommen in ein solches Verhältnis zu ihm, dass wir seinen Worten **glauben, weil sie wahr sind.** Etwas Besseres habe ich nicht finden können, bei all dem, was ich je nachgelesen habe. Ich habe festgestellt, dass es immer wieder **um mich geht**, ich wurde angesprochen durch die Worte Jesu, die er zu den Menschen gesprochen hat, als er auf dieser Erde war. Ich habe damals nicht gelebt, aber es wäre **töricht** daraus zu schließen, dass ich seinen Worten nicht zuhören

sollte. Alles, was er gesagt hat, ist so klar und deutlich, dass ich nur sagen kann: **„Seine Liebe hat mich erreicht und ich darf ihm im Glauben nachfolgen."** Aus diesem Glauben **rede ich täglich mit ihm**, wenn ich zu ihm bete. Und er antwortet mir: **„Ich liebe dich!"** Daraus ist eine Liebe in meinem Herzen entstanden, die ich nicht einfach leugnen kann. Liebe kann man auch nicht beschreiben, weil dafür unsere Worte nicht ausreichen. Oder könnte jemand seine Liebe zu seinem Partner beschreiben und sie so darstellen, dass alle es nachempfinden könnten? Deshalb ist auch unser Glaube und unsere Liebe zu Gott immer ein sehr **persönliches** Empfinden, was ein jeder mit sich selbst abmachen muss. Es ist aber nicht so persönlich, dass man sagen kann: **„Das geht niemanden etwas an!"** So wird aber heute gesagt. Man geht sogar soweit, dass man sagt: **„Eine Kirche brauche ich nicht!"** Das ist aber falsch. Denn dort lässt auch heute noch Gott zu uns Menschen seine Stimme hören. Er lässt sein Wort predigen und spricht jeden Sonntagmorgen zu uns, **wir müssten ihm nur zuhören wollen.**

Und wenn wir nun aus all dem Gehörten und Gelesenen nicht mehr wissen, was soll ich denn nur davon halten, dann habe ich einen guten Rat:

„Hör auf die Stimme des Herzens, sie sagt, was gut ist für dich, denn du kannst den Gefühlen vertrauen, was auch kommt, sie belügen dich nicht.

Hör auf die Stimme des Herzens, dann kann dir gar nichts geschehen, denn in Freude und Leid und in stürmischer Zeit sagt sie dir, welchen Weg du gehen sollst. Manchmal denkst du, wie geht es weiter und dir fällt nichts ein, denn es kann doch nur ein Weg der richtige sein, aber manchmal führen Gedanken nicht einfach zum Ziel, **dann vertrau doch ganz einfach mal deinem Gefühl."**

Lied von Hein Simon

Ganz tief in uns werden wir feststellen, wenn wir ehrlich zu uns selber sind, dass es da etwas gibt, das zu uns sagt: **„hier gibt es eine Wahrheit, die ich so real verspüre und sie eigentlich nicht leugnen kann!"** Ihr nicht zu folgen, wäre unverantwortlich uns selbst gegenüber, denn wir würden eine Liebe ablehnen, die uns das ewige Leben verspricht und uns in den Himmel führen will. **Liebe ablehnen, was kann es Schlimmeres geben?** Schon ein Baby fühlt und empfindet, ohne jeden Verstand, ob es geliebt wird oder nicht. Deshalb brauchen wir auch keinen hohen Verstand oder ein Studium durch die Literatur oder an Universitäten, sondern wir sollen tun, was Gott von uns erwartet: **„nämlich die Einhaltung seiner Gebote." Liebe Gott über alles und deinen Nächsten, wie dich selbst!**

Glauben oder nicht Glauben

In unserem Leben gibt es immer nur zwei
Entscheidungen zu treffen. Es gibt nur ein
Entweder – Oder. Das klingt sehr einfach, ist aber so. Wenn wir die Menschen
betrachten, dann kann man sie in zwei
Gruppen einteilen: **„Glaubende" oder
„Nichtglaubende!"** Das bezieht sich auf
die Frage des Glaubens an Gott. Die einen
glauben an Gott und die anderen glauben
nicht an Gott. **Glauben tun sie aber
beide.** Eine Welt ohne Glauben bzw.
Menschen ohne Glauben **gibt es also
nicht.** Es gibt nur einen Streit zwischen
beiden. Die Ungläubigen gehen soweit,
dass sie die an Gott glaubenden als
**unintelligent, unwissend und sogar als
„wahnsinnig"** (Richard Dawkin „Der
Gotteswahn") bezeichnen. Warum tun sie
das? Die Gläubigen beschimpfen doch die
Ungläubigen auch nicht!
So wie niemand beweisen kann, dass es
keinen Gott gibt, kann man auch nicht

sagen hier ist Gott und ihn öffentlich vorführen, wie das die Menschen gern hätten. Die Argumente, die Gott beweisen, **sind bis jetzt immer noch stärker** als die Beweise der Ungläubigen von der Nichtexistenz Gottes.

1. Glückseligkeit, bedingt durch die Hervorbringung des höchsten Guts der bestmöglichen Welt, ist nur in Übereinstimmung mit der Sittlichkeit möglich.

2. Die Hervorbringung des höchsten Guts ist nur möglich, wenn eine oberste Ursache der Natur angenommen wird.

3. Diese oberste Ursache der Natur, die das höchste Gut hervorbringt, muss ein Wesen sein, das Verstand und Willen besitzt.

4. **Dieses Wesen ist Gott.**
E. Kant

Das Allerbeste aber war, dass Gott seinen Sohn in diese Welt gesandt hat,

um den Menschen alles zu erklären, mit ihnen zu reden und der sagte:

„Wer mich sieht, der sieht den Vater!"

Wer war Jesus?

Man leugnet seine Existenz überhaupt. Er habe gar nicht gelebt. Andere sagen, er war der größte Mensch, der je gelebt hat und wieder andere sagen, er sei der größte Lügner aller Zeiten gewesen.
Warum beschäftigen sich aber so viele Menschen mit Jemanden, den es gar nicht gab, der nie gelebt hat? Warum wird so viel geschrieben in Zeitungen, Zeitschriften und Büchern, wenn er **nie** existiert hat. **Millionen Menschen aber bekennen immer wieder neu, dass Jesus lebt!**
So hat auch ein General mit einem Geistlichen geredet. Der Geistliche sagte dann, wenn sie so von der Nichtexistenz

überzeugt sind, dann schreiben sie doch ein Buch und beweisen es. Der General war von der Idee sehr begeistert und wollte so ein Buch schreiben. Als er zwei Kapitel geschrieben hatte, kniete er mit seinen 50 Jahren zum ersten Mal nieder und betete zu Gott. Er schrieb dann doch ein Buch, welches ein Bestseller wurde. Es heißt:
"Ben Hur."
Ganz offensichtlich gelten diese Argumente der Gläubigen aber nicht, denn sie werden bestritten und wenn man Tatsachen leugnet, dann ist eigentlich jede weitere Diskussion überflüssig. Beschimpfungen helfen da aber nicht weiter. Ich als gläubiger Mensch tue das doch auch nicht. Mir tun diese Ungläubigen nur leid, denn sie widersetzen sich den Tatsachen und das beendet eigentlich jede weitere Beschäftigung mit ihnen. Sie ärgern sich vielleicht, dass sie keine besseren Beweise für die Nichtexistenz Gottes haben und meinen deshalb, dass nicht sie, sondern die Gläubigen die Beweise für die Existenz Gottes zu erbringen haben. Wenn man aber

die vorliegenden o.g. Argumente einfach bestreitet, dann kann man ihnen nicht helfen. Wir alle können die Schöpfung nicht nur sehen, sondern auch mit den Händen anfassen. Auch konnten die Menschen mit Jesus reden und ihn anfassen und haben ihn auch gesehen, aber wenn man dann sagt: „Er hat gar nicht gelebt!", **erübrigt sich jede weitere Rede.**

Ist das Nichts?

Es gibt so manches in unserem Leben, was einen großen Wert für uns hat. Zuallererst sind dies Menschen, die uns nahe sind, **Eltern, Geschwister, Angehörige der Familie überhaupt, aber auch Lehrer und gute Freunde.** Von allen haben wir **etwas lernen** können. Ich habe es immer so gemacht, dass ich mir von allen das Gute, was ich bei ihnen gefunden habe, angeeignet habe. Dabei habe ich den Grundsatz gehabt: **„Das Gute in mir**

stark zu machen, damit das Ungute keinen Raum mehr hat!"

Nun sind wir aber auch oft in unserem Leben schon enttäuscht worden. Das Schlimmste dieser Enttäuschungen war aber, dass es oft solche Menschen waren, die uns sehr nahe standen. Leider können wir es nicht verhindern, dass dies so ist. Wichtig aber war für mich immer, nicht zu vergessen, wie viel Gutes ich von Gott erfahren habe und er mich lehrte, meinen Nächsten zu lieben, wie mich selbst. Deshalb kann es auch kein **„Nichtvergeben"** geben, das uns in die Tiefe zieht. Jesus selbst hat es erfahren müssen und so heißt es in einem Lied: **„Feinde dürfen ihn verklagen, Mörder ihn ins Antlitz schlagen, doch der Jünger traf sein Herz!"**

Deshalb gibt es sogar junge Menschen, die am Ende sind, denen man aber entgegenhalten muss:

Du bist jung und du sagst: „Es gibt **nichts** auf der Welt, was dich hält. Da wäre nichts, was sich lohnen könnt in deiner

Welt" und du sagst: **"Du siehst wirklich in nichts einen Sinn"** und dann wirfst du alles hin. **Ist das Nichts**, das du suchst, dass du zweifelst und fragst. **Ist das Nichts,** das du traurig warst und wieder lachst. **Ist das Nichts**, das du sagen kannst, ich esse mich satt, während irgendwo jemand kein Reiskorn mehr hat. **Ist das Nichts**, das du helfen kannst, wenn du nur willst. **Ist das Nichts**, dass du Sehnsucht nach irgendwas fühlst, dass du lebst, wo die Freiheit ein Wort nicht nur ist, **ist das Nichts, ist das wirklich nichts?** Hör mir zu, meinst du nicht, es wär wirklich Zeit für ein klein wenig **Dankbarkeit!** Du verkriechst dich und sagst: **„Du siehst nirgends ein Ziel."** Schau dich um auf der Welt auf dich wartet so viel! Es gibt Menschen, die würden gern tauschen mit dir, es liegt auch ein wenig an dir. **Ist das Nichts**, das du weißt, wo du schläfst heute Nacht. **Ist das Nichts**, wenn ich sag, ich hab an dich gedacht? **Ist das Nichts**, wenn du ahnst, dass es irgendwen gibt, an den du zwar nicht glaubst, und der trotzdem dich liebt. **Ist das Nichts**, dieser Sonnenstrahl auf deiner Haut**. Ist das Nichts**, das ein Mensch dir verzeiht und vertraut.

Ja, du lebst, wo die Freiheit ein Wort nicht nur ist. **Ist das Nichts, ist das wirklich Nichts?**

Hör mir zu, meinst du nicht, es wär wirklich Zeit für ein wenig **Dankbarkeit!**

Aus einem Lied

Wenn wir also alles ein wenig tiefgründig betrachten, dann merken wir sehr bald, dass es **vieles** gibt, wofür wir eigentlich dankbar sein sollten. Sicher ist es schlimm, wenn wir in so eine tiefe Resignation verfallen, aber dabei sollten wir nicht den Mut verlieren, denn es gibt **so viel,** wofür wir dankbar sein können und sollten. **Dankbarkeit kommt aber von Denken.** Deshalb ist es ganz wichtig nicht zu resignieren, sondern, dass wir nachdenken. Dies sollten wir aber nicht nur mit unserem Verstand tun, denn es gehört immer unser Herz dazu. Ohne unser Herz sprechen zu lassen, werden wir nach unten anstatt nach oben gezogen. Aber der Blick nach oben richtet sich **immer in den Himmel**, wo unser Vater wohnt und der uns immer wieder sagt, dass er uns je und je geliebt hat. Ist das nicht ein Grund zur Dankbarkeit dieses überhaupt zu erkennen und zu wissen. Dazu gehört aber, dass wir das Wort Gottes hören und ihm nachfolgen mit all unseren zur Verfügung stehenden Kräften. Das Wort Gottes sagt uns zu jeder Zeit, wann immer wir uns damit beschäftigen, was wir tun sollen. **Es führt uns in keine Sackgasse.** Wenn wir also immer einen guten Ratgeber in Gott, unserem Vater wissen und erkennen, werden wir erleben, dass es uns auch immer gut geht. Und wenn das einmal auch nicht so scheint, dann sollten wir so viel Vertrauen haben, und das Gebet einsetzen, denn es heißt: **„Wer da sucht, der wird finden und wer da anklopft, dem**

wird aufgetan!" Wir werden immer Hilfe bekommen, so viel wie wir brauchen. **Dafür bin ich sehr dankbar.**

Seid Täter des gehörten Wortes

Jedes Wort, das wir hören, fordert uns auf, es auch zu tun und nicht nur zu hören. Das Wort Gottes aber ist **tiefgründiger** als jedes Menschenwort. Er spricht nicht nur zu uns, sondern fordert uns auch auf: **„Du sollst!"** Wir haben also die Wahl darauf einzugehen und Täter des Wortes zu werden. Zunächst gibt es direkt aus unserem Herzen und Verstand dagegen Widerstand, den wir überwinden müssen. Wenn wir uns aber durchdringen lassen von dem Wort Gottes, werden wir ihn anrufen und ihn bitten, dass er seinem Wort Kraft geben soll, und es in unseren Seelen **wie Feuer** brennen lassen möchte, damit wir unseren Herrn Jesus Christus mit

Mund und Herzen und mit dem Wandel
vor aller Welt bekennen.
Wenn freilich der Herr sein Wort wie
Feuer in unseren Seelen brennen lassen
soll, wie ich dies uns allen wünsche, so
kann es nicht anders sein, als das wir nicht
am Hören stehen bleiben, sondern auch
Täter des Wortes werden.
Das Wort Gottes ist lebendig und kräftig
und scheidet Seele und Geist und ist ein
Richter der Gedanken und Sinne des
Herzens. Dieses Wort hat die Kraft, dass es
den Menschen verändert und umwandelt.
Es bildet eine ganz neue Grundlage der
Gedanken. Es bleibt nicht wie Menschenwort am Äußerlichen stehen, sondern es
dringt hinein in den innersten Kern des
Herzens und ruhet nicht. Denn Gott will,
dass **allen** Menschen geholfen werde. **Alle**
sollen zur Erkenntnis der Wahrheit
kommen. Aber warum wollen die
Menschen dem Wort Gottes nicht folgen?
Was hindert sie also?
Bei manchen ist` s **der Hochmut**. Wenn
sich nun ein hochfahrender Geist in dem

Spiegel des Wortes Gottes betrachtet, sieht er allerhand Unreinheit, Verdorbenheit und Hässlichkeit an sich, da zieht er sich auf seinen Hochmut zurück und fragt sich: **„So sollst du beschaffen sein?"** Das ist nicht für den Gebildeten, das ist nur für den Ungebildeten, ich habe ja doch Bildung.

Ein anderer sieht mehr auf seine **Würde**, auf sein Amt, auf seinen Reichtum und räumt dem Wort Gottes kein Recht über sich ein.

Die aber ungebildet sind haben wieder andere Hochmutsentschuldigungen: **„Ich gehe doch in die Kirche, es kann mir niemand etwas Unrechtes nachsagen, so arg und verdorben bin ich nicht, als mich das Wort Gottes schildern will."** Und so bleiben sie in ihrer Blindheit und wollen sich nicht unter den Gehorsam des Glaubens beugen. Bei anderen ist es die **falsche Scham** Sie denken: „Was würde dieser oder jener sagen, wenn du fromm würdest, wie würde man mit Spott und Witz über dich herfallen?" Zudem setzen sie hinzu, gibt es ja da und dort auch fromme Leute, die doch auch in den Himmel kommen wollen, und nicht gerade so leben, wie man übertriebener Weise von mir fordert."

So schwächt man das Wort Gottes an sich selbst, und **bleibt, was man war!**

Bei wieder anderen ist es die **Weltliebe,** was der Kraft des Wortes der Wahrheit die Türe ihres Herzens verschließt. Sie haben sich verschiedene Dinge angewöhnt, die sie nicht lassen wollen. Wir haben die Stimme Gottes alle schon gehört und vernommen, auch beim Lesen dieser Andachten, aber das Wort kämpft in dir und du schüttelst es ab von deiner Seele. **O ein jämmerlicher Sieg, der dich in alle Ewigkeit hinein gereuen wird!**

Die goldene Regel

Es gibt also eine goldene Regel im Leben der Menschen. Wer hat sie uns gegeben, damit wir uns daran halten können und demzufolge ein gutes Miteinander haben können?

Wieder war es Jesus selbst, der uns diesen guten Rat gegeben hat. Wir können ihn nun annehmen oder auch nicht. Unser freier Wille wird uns nicht genommen. Wenn wir uns aber den guten Rat nicht annehmen und sagen, das spricht mich nicht an, das sind alte Ratschläge von gestern, dann brauchen wir uns nicht wundern, wenn es uns nicht so gut geht. Jesus sagt: „**Das ist der Inhalt des Gesetzes und die Lehre der Propheten! Geht durch die enge Tür! Denn das Tor, das ins Verderben führt, ist breit und die Straße dorthin bequem. Viele sind auf ihr unterwegs. Aber die Tür, die zum Leben führt, ist eng und der Weg dorthin anstrengend. Nur wenige gehen ihn!"**

Jesus hat uns **nicht** versprochen, dass wir ohne Mühen ins Himmelreich kommen werden. Es ist ja schon im Alltag so, dass wir die Gesetze des Landes einhalten müssen, um als guter Bürger dort leben zu können. Auch im ganz privaten Umgang mit anderen Menschen wissen wir, dass der Ton die Musik macht mit der wir uns begegnen. Wir wollen selbstverständlich von jedermann zuvorkommend behandelt werden, also mit welchem Recht sollen wir dann anders unserem Nächsten begegnen als ebenfalls höflich? Niemand, der sich an die Gesetze hält wird in seinem Leben damit zu rechnen haben, dass ihm Schlechtes widerfährt. Abgesehen von Fällen, wo es doch anders ist, aber diese wird es immer geben und sie sind in der Regel die Ausnahme.

Leider ist der Alltag nicht immer so einfach, wie hier festgestellt und der breite Weg mit seiner Ellenbogenmentalität kann uns schon zu schaffen machen. Das bedeutet aber nicht, **dass wir ebenso handeln müssen um vorwärts zu kommen.** Ich habe es selbst erlebt, dass man mit Höflichkeit und Sachlichkeit durchs Leben kommen kann, weil ich mich an die Versprechungen, die Jesus gemacht hat, gehalten habe. Es erfüllt mich einfach mit Dankbarkeit, dass ich **durchs Hören auf Gottes Wort** die Erfüllung seiner Verheißungen erleben durfte.

Der Baum und seine Früchte

Am Baum und seinen Früchten erklärt Jesus wie wir die wahren Propheten von den falschen erkennen können. Er sagt: **„Ein gesunder Baum trägt gute Früchte und ein kranker Baum schlechte. Umgekehrt kann ein gesunder Baum keine schlechten Früchte tragen und ein kranker Baum keine guten."** Matth. 7.17

Das leuchtet uns ein! Wir können also **ganz einfach** die falschen Propheten von den wahren unterscheiden. Die guten

Früchte der wahren Propheten sind ihre **zusammenführenden** Kräfte. **Sie spalten nicht**, sie führen zusammen. Sie bringen den Frieden, den sie in sich tragen, einen Frieden von Gott gegeben. Ihre Wahrheitsliebe führt uns zu Gott und sein Wort.

Über die falschen Propheten sagt Jesus: **„Sie sehen wie harmlose Schafe aus, in Wirklichkeit aber sind sie wilde Wölfe. Ihr erkennt sie an dem was sie tun."** Matth. 7 .15
Die falschen Propheten führen nicht zusammen, **sie spalten.** Sie bringen nicht den Frieden von Gott, ihre Wahrheitsliebe ist vorgetäuscht!
Jesus sagt: **„Von Dornengestrüpp kann man keine Weintrauben pflücken und von Disteln keine Feigen. Jeder Baum, der keine guten Früchte trägt, wird umgehauen und verbrannt. So werdet ihr auch die falschen Propheten an ihren Früchten erkennen!"** Matth.7.16

Sehen wir nun in unsere Tage hinein. Da sind viele falsche Propheten, die uns sagen wollen, dass die heutige Kirche nicht mehr aktuell ist. Die Predigt spricht die Menschen nicht mehr an, erst recht nicht die jungen. In neue Kirchen, die gebaut werden, baut man Kaffees mit ein, damit man sich besser miteinander unterhalten kann. Die Kleidung des Predigers ist auch nicht mehr zeitgemäß. Es genügt ein kariertes Hemd und Jeanshose, ein herausforderndes Wort und Pauken und Trompeten. Gegen Pauken und Trompeten habe ich allerdings nichts, denn die gab es schon einmal unter dem Volke Gottes, wenn es ihn lobte! Es muss auch in der Kirche großes Klatschen erschallen, wenn ein Liedvortrag gewesen ist, damit die Vortragenden genügend Lob erhalten.

Sorgen kommen uns teuer zu stehen. Gewiss, wenn wir einen Gewinn daraus zögen, warum sollten wir sie dann nicht pflegen? Aber es ist eben nicht so! **Alle unsere Sorgen sind fruchtlos.**

Nicht einen Tag unseres Lebens haben sie zu erleuchten vermocht, nicht eins unserer Probleme gelöst und nicht eine einzige Krankheit geheilt.

Gott geht uns voran auf unserem Lebensweg. Sollte da nicht alles **bestens** bereitet sein - zur rechten Zeit? Herr, du gibst Frieden dem, der sich fest an dich hält und dir allein vertraut.

Jesaja 26,3

Der Glaube eines römischen Offiziers

Als Jesus nach Kafarnaum kam, bat ihn ein römischer Offizier um Hilfe: „Herr, zu Hause liegt mein Bursche krank im Bett, er kann sich nicht bewegen und hat große Schmerzen!" Jesus sagte zu ihm: **„Ich werde kommen und ihn gesund machen!"** Aber der Offizier erwiderte:

„ Ich verdiene die Ehre nicht, dass du in mein Haus kommst! Du brauchst ja nur ein Wort zu sagen, und mein Bursche wird gesund. Auch ich habe Vorgesetzte und Untergebene. Wenn ich einem von meinen Soldaten befehle: Geh, dann geht er, wenn ich einem anderen sage: Komm! Dann kommt er." **Als Jesus das hörte, staunte er!** Matth. 8. 5-10

Das ist eine interessante Geschichte, wie alle Geschichten von Jesus. Er trifft einen Mann, dessen Glaube alles in den Schatten stellt, was Jesus je erlebt hat. Dieser Mann traut Jesus das zu, wozu er gekommen ist, nämlich Dinge zu tun, die sonst unmöglich sind. Er rechnete mit den Untergebenen, denen Jesus befehlen kann, so wie er seinen Soldaten Befehle erteilt und sie ihm gehorchen. Nur die Soldaten kann man sehen, aber Jesu Untergebene sieht man nicht, aber man muss nur glauben, um diese Untergebenen zu erleben. Sie tun, was Jesus ihnen sagt. Sie gehorchen ihm. Das ist ein starker Glaube, den wir auch haben sollten. Dieses sollten wir aus dieser Geschichte lernen. Können wir das und an Jesu unsichtbare Untergebene glauben, die ihm gehorchen? Ist es etwa zu schwer dies glauben zu können? **Nein, es ist nicht schwer,** denn wer da glaubt, wird erleben und sehen können, was getan wird, wenn Jesus befiehlt. Kranke wurden gesund, Tote wurden auferweckt, wer wollte das leugnen? Das Ergebnis von Jesu Macht und Kraft muss uns glauben lassen, **weil wir sehen, was er tut.**

So ist es auch mit der Existenz Gottes, die so viele bestreiten! Wenn wir im Frühjahr die Natur betrachten, wo alles wieder zu neuem Leben erwacht, da müssen wir den Schöpfer loben und preisen, weil wir seine Herrlichkeit in der Natur **sehen.** Das ist keine Phantasie, die uns beflügelt und vor Begeisterung den Schöpfer preist, **sondern Realität, die man nicht leugnen kann.** Und trotzdem tun es so viele Menschen, weil sie nicht nach der Wahrheit streben, denn sonst müssten sie erkennen:

„Hier ist Gott, wer sonst hätte das machen können."

Der Mensch kann viel, er macht Fürsten und Könige, aber würde zuvor Gott nicht den Menschen gemacht haben, könnte kein König gemacht werden.

Jesus und der Sabbat

Der Sabbat war nach damaligem Gesetz ein Heiliger Tag. Es gab viele Gebote, die einzuhalten waren und Arbeiten war an diesem Tag verboten.
In der Synagoge war ein Mann mit einer gelähmten Hand. Die Pharisäer hätten Jesus gerne angezeigt und fragten ihn deshalb: **„Ist es erlaubt am Sabbat zu heilen?"** Jesus antwortete: „Wenn jemand von euch nur ein einziges Schaf hat, und es fällt an einem Sabbat in eine Grube, holt er

es dann nicht heraus? **Ein Mensch ist doch mehr wert als ein Schaf! Also ist es auch erlaubt, einem Menschen am Sabbat zu helfen.**" Dann sagte er zu dem Mann: „Streck deine Hand aus!" Der Mann streckte sie aus, und sie wurde so gesund wie die andere. Da gingen die Pharisäer hinaus und wurden sich einig, dass Jesus sterben müsse. Matth. 12.9-14 Es ist schon seltsam, dass ein Mensch sterben müsse, wenn er einem anderen geholfen hat, wenn er also Gutes getan hat. Darüber hätten die Pharisäer nachdenken sollen, denn es war **gegen jeden Menschenverstand, was sie vor hatten.** Es ist schon in Ordnung, dass es für den Sonntag bestimmte Vorschriften gibt, die man einhalten sollte. Das gilt bis heute, denn das Gebot Gottes: **„Du sollst den Feiertag heiligen!"** gilt nach wie vor. Daran ist auch nichts auszusetzen. Daraus aber eine so grausame Tat zu planen, dass ein Mensch, der dagegen verstößt, nur weil er einem andren Menschen geholfen hat, sogar sterben sollte, **das konnte nicht vom Himmel sein.**

Woher Jesus seine Macht hat

Dann brachte man zu Jesus einen Mann, der war blind und stumm, weil ihn ein böser Geist beherrschte. Jesus heilte ihn, und er konnte wieder sprechen und sehen. Darüber geriet die Menge in Aufregung, und alle fragten sich: „ Ist er vielleicht doch der versprochene Davidssohn?" Als die Pharisäer das hörten, widersprachen sie: **„Er kann die bösen Geister nur austreiben, weil der oberste aller bösen Geister ihm die Macht dazu gibt."** Es ist schon eine berechtigte Frage, wenn die Pharisäer und die Menge fragte: „Woher hat Jesus diese Macht, dass er diese Wunder tun kann?" Nicht mehr nachvollziehbar aber ist die Gesinnung der Pharisäer, die vorgaben zu wissen, dass der oberste der bösen Geister, also Satan, Jesus diese Macht gegeben hat. Jesus aber antwortete: **„Wenn ein Teufel den andern austriebe, würde Satan sich selbst bekämpfen, wie könnte dann seine Herrschaft bestehen? Und wenn ich böse Geister austreibe, weil ich mit dem Satan im Bund stehe, wer gibt dann euren Leuten die Macht, böse Geister auszutreiben?"** Matth.12-27

Eine vernünftige Antwort, die Jesus gab. Ich kann sie mit meinem Verstand nachvollziehen, denn Satan müsste sich selbst bekämpfen, daher sind die Argumente der Pharisäer **völlig unsinnig.** Woher aber nahmen die Pharisäer die Macht böse Geister auszutreiben, fragte Jesus weiter? Man hätte erkennen müssen, dass ihre **scheinheiligen** Fragen an Jesus offensichtlich nur aus Bosheit gestellt wurden, um ihn anzuklagen und zu verurteilen. Es ist erstaunlich mit welchen Spitzfindigkeiten Jesus zu Fall gebracht werden sollte. Das war aber nicht möglich, **weil er von Gott gekommen ist** und sowohl über die bösen Geister wie auch über die guten Geister Macht hatte. Er hat es mit seinen Wundern bewiesen, dass ihm alle Geister Untertan waren, denn selbst Wind und Meer gehorchten ihm. Kein Mensch und auch kein Pharisäer hat jemals diese Wunder getan und das ist die Antwort auf die o.g. Frage!

Die Geschichte des Gottessohnes hat immer Gegner gehabt und die Argumente sind damals wie heute so was von un-logisch und unsachlich, dass es wenig sinnvoll ist sich überhaupt damit zu be-schäftigen, denn die Menschen lassen sich auch nicht überzeugen, die diese provo-zierenden Gründe nennen, nur um Jesus zu belasten und zu verunglimpfen.

Wo wir zu Hause sind

**Der Mensch ist nicht bei sich zu Hause,
sondern bei dem, der ihn liebt.
Gott nötig zu haben, ist des Menschen
höchste Vollkommenheit.**

Søren Kierkegaard (18131855, dänischer Philosoph,

**Der große Wendepunkt in deinem
Leben ist nicht die Entdeckung,
dass du Gott liebst, sondern der
Augenblick, in dem dir bewusst
wird und du vollkommen
annimmst, dass Gott dich
bedingungslos liebt.**

Anthony de Mello SJ (19311987, Priester)

Teile dein Leben mit anderen

So viel reicher ist das Leben, lebst du's nicht allein.
Teil dein Leben! Teil es nicht nur ein.

Jürgen Werth

Bei Gott

Wer immer bei Gott sein will, **muss viel beten und viel lesen**. Wenn wir beten, sprechen wir mit Gott; wenn wir lesen, spricht Gott mit uns.

Worauf es bei uns ankommt, ist, dass Licht in uns sei. **Wo Licht im Menschen ist, leuchtet es aus ihm heraus.**

Albert Schweitzer (1875–1965), Theologe,
Arzt

Das Unkraut im Weizen

Jesus erzählte ein anderes Gleichnis:
**„Wenn Gott sein Werk vollendet,
handelt er wie ein Mann, der guten
Samen auf sein Feld gesät hatte."** Doch
sein Feind kam und säte das Unkraut!
Was sollen wir daraus lernen? Unser
Leben beginnt mit vielen guten Wünschen
und die Eltern versuchen alles erdenklich
Gute in die Herzen ihrer Kinder zu legen.
Wenn die Kinder dann zur Schule gehen,
haben sie Lehrer, denen sie mehr oder
weniger gern folgen und ihnen zuhören.
Danach, wenn ein Beruf erlernt wird,
werden auch gute Ratschläge erteilt und
wer klug ist, nimmt alles Gesagte an, um
im Leben voranzukommen. Aber neben
Eltern, Lehrern und Lehrherren gibt es
genügend andere Menschen, oft nennen
wir sie sogar Freunde, die auch in unsere
Herzen Gedanken säen, die wir gut zu
unterscheiden haben. Nicht immer sind es
gute Einflüsse, die uns begleiten und dann

müssen wir entscheiden, welche Ratschläge wir annehmen oder nicht annehmen. Es kommen auch Menschen, die bewusst unseren inneren Frieden zerstören wollen, vielleicht weil wir tugendhaft und fromm erscheinen. Sie wollen das Gute, was sichtbar ist, einfach von uns abwenden und sind uns nicht gut gesinnt. Man spricht sogar schlecht von uns oder verbreitet sogar Lügen. Das alles können wir nicht verhindern, denn Jesus sagt: „Wir können es nicht verhindern, dass die Vögel über unsere Köpfe hinweg fliegen, aber wir können es wohl vermeiden, dass sie ein Nest darauf bauen können." Anders ausgedrückt, möchte ich sagen:

„Spricht einer schlecht von dir, so sei es ihm erlaubt. Du aber lebe so, dass keiner es ihm glaubt!"

Es bleibt also unsere Aufgabe zwischen gut und nicht gut zu unterscheiden. Wir können es nicht verhindern, dass auch Böses an uns herangetragen wird, das den Frieden im Miteinander zerstört. Unsere

Aufgabe aber ist es, dass wir uns diesen Frieden nicht zerstören lassen. Auch wenn es nach menschlichem Ermessen unmöglich erscheint das Miteinander aufrechtzuerhalten, müssen wir uns bemühen, dass Ungute von uns fern zu halten, nicht indem wir eine Trennlinie aufbauen, sondern trotzdem Kontakt halten und dem Bösen nicht Vorrang geben. Wir müssen das Böse mit Gutem begegnen, wenn es auch schwer fällt. Allerdings steht es uns nicht an zu sagen: „Der Klügere gibt nach." Das heißt doch nur: „Ich bin klug und der andere ist doof!" **Das stiftet keinen Frieden!**

Bei diesem Bemühen um das Gute wird man freilich im Laufe des Lebens oft müde und matt, so dass manchmal die Seele kaum Leben noch hat. Dann sagt uns der Heilige Geist: **„Dann ringe um Kräfte von oben herab und dämpfe den Geist nicht, der dich erlab`.**

Der Sonntag

Der Sonntag ist der christliche Feiertag, den wir wöchentlich begehen. An diesem Tage kann man vieles tun. Die meisten Menschen denken dabei nicht an Gott und seine Gebote, denn er sagte: **„Du sollst den Feiertag heiligen!"** Das heißt, wir sollen uns mit dem beschäftigen, was er uns in seinem Buch der Bibel gesagt hat und fleißig in der Schrift forschen. Für einen Christen sollte dies selbstverständlich sein, aber auch sie tun sich schwer damit das Wort Gottes zu studieren. Es fängt schon damit an, dass nur ein Bruchteil der Christen die Heilige Schrift einmal komplett in ihrem Leben gelesen hat und sie denken auch gar nicht daran. Das ist ein sehr trauriges Ergebnis, denn die Hauptlehre unseres Lebens steht in der Bibel und sie wird einfach nicht gelesen, obwohl die Bibel das meist gedruckte Buch der Welt ist.

Meine Lebenserfahrungen sind deshalb alle durch Bibelweisheiten untermauert. Aus dem Studium der Heiligen Schrift habe ich erfahren wie Gott, mein Vater denkt und sage mir: **„Wenn ich versuche wie Gott zu denken, kann ich also nichts falsch machen und ich bin auf dem richtigen Wege!"**

Aber nicht nur das Bibelstudium gehört zum Sonntag, das ich übrigens nicht nur Sonntags gemacht habe, sondern auch der Gottesdienstbesuch am Sonntag gehört zu einem guten Lebenswandel.

Wenn ich nicht hingehe und sage: „Dein Name werde geheiligt", **wer soll es dann tun?** Mit meinem Kirchgang am Sonntag bezeuge ich meiner Umwelt, dass ich tue, was Gott von uns erwartet. Da brauche ich niemanden sagen, nun handele ebenso, ich bekenne: **„Ich gehöre zu Gott!"** Alle, die mich sehen wissen genau wohin ich gehe, sie handeln aber entgegengesetzt. Sie haben viele Argumente, aber nur eines möchte ich herausnehmen. Sie sagen z.B.: „Ich muss doch nicht in die Kirche gehen, da gehe ich lieber in die Natur, da finde ich auch Gott."

Und wenn mich ein Spaziergang im Wald noch so locken würde, er wird doch nie auch nur annähernd die Qualität eines Gottesdienstes, der doch „die wichtigste Veranstaltung der Welt ist", haben.

So machen sich die Menschen ihre eigene Religion und jeder macht das nach seinen eigenen Gedanken. Sie merken nicht einmal auf, wenn es einer gut mit ihnen meint. Ihre eigene Meinung ist Gesetz, Argumente für und wider von anderen haben keine

Chance, auch nicht Gottes Wort **und das ist dann schon bedenklich.** Die Meinung von Menschen kann ich wohl beiseite tun, aber das Wort Gottes abzulehnen heißt sich über Gott zu stellen, anstatt zu sagen:

"Lass uns zuhören, wie` s sich gebührt einem Gott zuzuhören, denn er ist weiser als ich, und wird wohl etwas besseres zu sagen haben als ich je denken kann."

Die Kraft der Gedanken

Die Kraft des Gedankens ist unsichtbar wie der Same, aus dem ein riesiger Baum erwächst, sie ist aber der Ursprung für die sichtbaren Veränderungen im Leben der Menschen.
Die göttlichen Gebote versuchen wir durch feine und verständliche Hinweise und

durch unser Vorbild in die Kinderherzen einzubauen.

Es will gelernt und anerzogen sein, was Christus sagt:

„Ich tue allezeit den Willen meines Vaters gern!"

Ein köstlich Ding ist deshalb der Gehorsam. Wo nicht für den Gehorsam gearbeitet wird, **stellt er sich nicht ein.**

In Dankbarkeit dürfen wir heute rückblickend sagen, dass auch an uns für den Gehorsam gearbeitet wurde. Der Dienst an unseren Seelen, schon im Kindesalter begonnen, war ein Quell voll heiligem Leben. So hinterlassen deshalb die Gedanken derer, die uns gelehrt haben, eine Spur, die von uns benutzt werden kann oder auch nicht.

Für solche Unterweisung sollten wir dankbar sein egal in welchem Alter wir sind. Wir wollen im Gehorsam bleiben und erleben, was wir von unseren Lehrern gelernt haben. Sie lehrten uns:

„Kleine gute Taten, jedes Liebeswort
machen diese Erde uns zur Himmels-
pfort!"
Die Annahme der guten Gedanken hat
eine große Verheißung, denn wir
werden Gott finden und die Wahrheit
und alles Gute dazu.
Die Ablehnung aber hat auch eine
Verheißung, denn er wird uns verlassen
und uns verwerfen ewiglich!
Wir haben die Wahl das Gute
anzunehmen oder auch nicht, so wie wir
wollen!
Ob es aber einer gut mit uns meint, das
sollten wir empfinden!
Was kann es Schöneres geben als aus
dem Gehorsam heraus dankbar zu sein
und dafür einen großen Lohn zu erhalten!

Die Aufnahme des Evangeliums in der Gemeinde

Wenn das Wasser nach einem Regen durch die Rinnen vom Dach fließt, sieht es aus, als komme es aus dem Regenrohr, **aber eigentlich fällt es vom Himmel.**
Genauso verhält es sich mit der Predigt. Es sieht aus, als würden kluge Männer reden und ihre Lehre verbreiten, **aber in Wahrheit kommt das Wort vom Himmel, von Gott!**

Woher wissen wir, dass die Predigt vom Altar Gottes Wort ist? Es ist ganz einfach zu beantworten: **„Wenn wir die gehörte Predigt prüfen wollen, so sollten wir genau das tun, was sie uns gesagt hat."**

Wir würden erleben, dass wir in keine Sünde einwilligen würden!"

Einen besseren Beweis können wir gar nicht erwarten. Da der Mensch aber immer in Sünde verfällt, weil er das Wort Gottes nicht akzeptiert, hat er auch immer wieder Zweifel, ob es wohl das Wort Gottes ist.

Das Wort Gottes wird wohl von Menschen zu Menschen geredet, aber es kommt direkt vom Himmel, weil die Prediger ihren Auftrag sich nicht selber gegeben haben, sondern nur dem nachfolgen, der sie gesandt hat, dem Apostel und diesen hat Jesus selbst den Sendungsauftrag erteilt:

„Gehet hin in alle Welt und predigt das Evangelium bis das ich wiederkomme!"

Oberflächlich betrachtet kann man natürlich nur schwarz gekleidete Männer sehen, die da ihre Weisheit von sich geben, **aber das wäre zu kurz gedacht.**
So wie das mit dem Wasser ist, dass durch das Rohr kommt, aber eigentlich vom Himmel gekommen ist, so ist es auch mit Gottes Wort. Niemand denkt daran, wenn er das Wasser sieht, das es vom Himmel

gekommen ist. Es denkt keiner darüber nach, aber wahr ist es trotzdem und alles was vom Himmel kommt, **sollte uns zum Dank verpflichten.** Danken aber kommt von Denken und keiner denkt daran, dass das Wasser vom Himmel kam. Dort wo das Wasser knapp geworden ist, da denkt man schon einmal eher darüber nach und erkennt auch dessen Wert. Das Danken ist dann eine Selbstverständlichkeit, eine Pflicht.

Viele sehen in der Predigt wohl ein Wort, aber sehen darin **nicht Gottes Wort,** würden sie aber erkennen, dass es vom Himmel gekommen ist, wären sie sehr dankbar für jedes Wort, welches ihnen gesagt wurde.

Fürchte dich nicht

Gott will uns nahe sein, wenn wir uns am Ende fühlen. **Fürchte dich nicht!** Diese

Worte stehen **365** Mal in der Bibel, also so viel Tage das Jahr zählt.

Diese Zusage sollte allein durch seine Häufigkeit **uns tief zu Herzen gehen und uns trösten.** Jeder Mensch, ob er es wahr haben will oder nicht, wird in seinem Leben an die Grenzen seiner Kraft kommen und seine eigene Schwachheit erkennen müssen. Damit wir uns aber nicht in dieser Erkenntnis bis zur Furcht ver- zehren müssen, hat uns Gott eine große Zusage gegeben indem er sagte:

„Fürchte dich nicht!"

Eine schönere und bessere Zusage kann es nicht geben. Aus ihr können wir so viel Kraft nehmen, wie wir brauchen. Wenn wir uns da auf Gott verlassen werden wir erleben, dass dies kein leeres Versprechen ist. Gott ist mit uns alle Tage bis an der Welt Ende. Wäre dies nicht so, müssten wir an uns verzweifeln, **denn ohne Gott können wir nichts tun.** Das muss man aber aus dem Glauben heraus erkennen und erleben. Unsere Stärke finden wir allein bei Gott!

Selbst in der schwersten Stunde des Todes ist Gott bei uns. Er trägt uns, gibt uns Kraft und führt uns in seine Herrlichkeit, wenn wir es nur glauben wollten. Würde man dem Sterbenden nun vorlesen die Worte großer Dichter und Denker, z.B. Goethe, es würde ihn nicht trösten, **aber das Wort aus dem Evangelium gibt ihm Trost und Ruhe und Frieden.**

Egal was in unserem Leben passiert, Gott will, dass wir uns nicht fürchten sollen, denn er hat uns bei unserem Namen gerufen und gesagt: **„Du bist mein!"** Welch eine Kraft können wir daraus nehmen! Er hat es nicht nur einmal, zweimal oder dreimal gesagt, sondern an jedem Tag des Jahres steht dieses Wort, steht dieses Versprechen. **Wer hat uns mehr versprochen?**

Ich weiß, dass es einen Gott gibt

Jesus war schon bei der Schöpfung des Universums dabei sowie auch der Heilige Geist, denn die Dreieinigkeit Gott – Vater und Sohn und der Heilige Geist sind eins! Es ist schon immer viel darüber geredet worden, wie drei Personen zu einer zusammengehören können. Nach menschlichem Verstand lässt sich das nur schwer erklären, aber es ist nicht so unmöglich wie wir denken.

Mann und Frau sind auch zwei Personen, sind aber eins, wenn sie richtig leben, d.h. sich wirklich lieben. Dabei ist nicht nur die Vereinigung beider Personen im Sexualleben gemeint, sondern auch **ein geistiges Einssein gibt es.** Dieses wird immer spürbarer inniger und je länger Mann und Frau zusammenleben und erst recht im hohen Alter tritt dies deutlich zutage, **sofern die Liebe nicht erkaltet ist.**

Aus dieser Sicht wissen wir woher wir kommen und Gott ähnlich sind, denn er ist die Dreieinigkeit und Mann und Frau sind zusammen auch ein Wesen, wenn sie nach Gottes Willen leben. Sie erleben es auf jeden Fall je inniger die Liebe in ihnen ist.

Wir haben uns nicht in diese Welt allein hineinbegeben können, sondern Gott allein hat diesen Weg gelegt. Er hat uns auch gesagt wie wir zu leben haben. Er sagte**: „Du sollst!"** Die 10 Gebote zeugen davon. Der Mensch aber will sich nicht sagen lassen, was er soll! Schon da beginnt die Ablehnung seines Schöpfers. In den zehn Geboten hat uns Gott, wie Eltern ihren Kindern, gesagt, was zu tun ist. Als ein liebender Vater will er, genauso wie Eltern es wollen, dass seine Kinder keinen Schaden nehmen. Wir erleben ihn deshalb als einen guten Ratgeber.

In der Schöpfung erleben wir ihn als den Gestalter alles Schönen und Guten und als Erhalter unserer Welt. In unserem Leben

müssen wir ihn nur annehmen und in Demut und in Ehrfurcht auf ihn hören. Die Bibel ist ein Lesebuch für uns, eine gute Nachricht von unserem Vater, wir müssen nur darin lesen und davon lernen. Wenn wir aber im Besserwissen offenbar werden, **sollten wir auch Besseres schaffen. Wer könnte das aber von sich sagen?**
Es gibt tatsächlich Menschen, die sagen: „Ich bin besser als Gott!"
Vor den Werken Gottes können wir uns nur tief verneigen und dankbar sein, dass er uns in unserem Leben begleitet, wie ein liebender Vater, uns aber nicht befehlen will! **Unser freier Wille ist unangetastet!**

Entsprechend dieser Sehensweise bin ich in meinem Leben nach langem Studium der Heiligen Schriften zu folgender Erkenntnis gekommen:

„Ich weiß, dass es einen Gott gibt!
Wenn man mich nun fragen würde, woher ich denn weiß, dass es einen Gott gibt,

würde ich antworten: **„Ich weiß es, weil er in meinem Herzen wohnt!"**

Der Gegenthese zur Schöpfung kann ich, wenn ich auch wollte, nicht folgen:
„Die Entstehung des Lebens auf der Erde mit dem Zufall erklären heißt, von der Explosion einer Druckerei das Zustandekommen eines Lexikons zu erwarten!"

In Gottes Liebe geborgen

Wenn Krankheit und Schmerzen einmal über uns kommen, dann wollen wir oft gleich verzagen und fragen oft nach dem **„Warum".**
Die Warum Frage ist durchaus erlaubt, weil Jesus selbst sie gestellt hat als er sagte:

„Mein Gott, mein Gott warum hast du mich verlassen?"

Er hätte es wissen müssen, dass sein Vater ihn nie verlassen würde, aber er stellte doch diese Frage. Er stellte sie nicht, weil er nicht wusste, was sein Vater tun würde, **sondern weil sein Schmerz so groß war am Kreuz und er für uns diesen Schmerz ertragen musste, stellte er diese Frage.**
Heute wissen wir, dass Gott ihn nie verlassen hatte. Wenn auch bei uns der Schmerz so groß ist, dass wir dieselbe Frage stellen, dann sollten wir dieses Wissen niemals vergessen**, denn auch uns lässt Gott, unser Vater, nie allein!**

Wir vergessen dabei oft, was wir gelernt haben in guten Tagen. Denn wir haben gelernt, dass unser Glaube uns nicht verzagen lässt, denn es muss uns alles zum Besten dienen, wenn wir in Gottes Liebe geborgen bleiben.

Jeden Tag haben wir Gotteskinder Ursache uns zu freuen, denn der liebe Gott sorgt für die Seinen. Er hat uns alles vorher gesagt!

Auch wir wollen uns freuen, obwohl wir krank sind. Aber wie ist das möglich, wenn man krank ist?

Es ist leicht gesagt, wenn man gesund ist. Wenn wir aber gerade in den Tagen der Krankheit von anderen erfahren, wie dankbar sie sind, dass wir immer für sie da waren, dass sie immer dankbar sein werden, dass sie uns kennen. Das wird Freude bei uns auslösen und die Krankheit tritt in den Hintergrund, weil eben Freude in uns ausgelöst wurde.

Dankbarkeit löst im Herzen Freude aus!

So wollen wir gegenüber unserem Gott und Vater dankbar sein, wenn er uns alles zuvor gesagt hat und wir wissen dürfen, **dass er uns nie verlässt.**

Diese guten Gedanken werden nur zu unserem Guten dienen und die Krankheit hat keine Chance, **wenn Gott es will.**

Gott wird oft verklagt

Not erleben wir oft theoretisch als Katastrophe der anderen. Wir sind nicht wirklich betroffen. Würden wir nicht unseren Glauben verlieren, wenn uns Böses zustöße?

Aus dieser Perspektive heraus verklagen wir Gott.
Bemerkenswert ist, dass Menschen in Not Gott suchen. Sie zweifeln an der Welt, nicht an Gott.
Gott wird oft verklagt! Not, die wir nur vom zusehen kennen, uns selbst nicht einmal betrifft, wird zum Anlass genommen, um zu fragen: **„Wo warst du Gott?"** Diese Frage habe ich zuletzt gehört als Menschen nach einem Massaker in einer Schule danach das Unglück gesehen haben. Es wurden Lehrer und Kinder erschossen, **einfach so!** Da ist es menschlich, wenn eine solche Frage gestellt wird.

Trotzdem ist das die **falsche** Richtung in der man die Frage stellt.

Waren es nicht menschliche Versäumnisse, welche das Massaker erst möglich gemacht haben? Die Frage müsste doch lauten: **„Warum waren die Waffen nicht sicher aufbewahrt?" „Welche Erziehung hatte der Jugendliche gehabt, dass er solch eine Tat begehen konnte?"**

Oft hört man von schrecklichen Ereignissen im Krieg, wo die Soldaten förmlich nach Gott geschrien haben und er hat ihnen nicht geholfen, sie mussten sterben! In ihrer Not haben diese Menschen nach Gott gesucht. Sie mussten an der Welt verzweifeln, **riefen aber nach Gott.** Damit haben sie getan, was Gott uns geraten hat: **„Rufe mich an in der Not,** so will ich dich erretten und du sollst mich preisen. Auch wenn sie gestorben sind, Gott wird sie in sein Reich aufgenommen haben, wo sie ihn preisen werden, denn sie sind nicht in der Not geblieben und Gott hat sie errettet. In jener Welt aber preisen sie Gott und **wir können es heute nur ahnen, warum!**

Es haben aber auch viele Menschen ihren Glauben verloren, die ich nicht verurteilen will, denn wie würden wir aus solch einer Situation hervorgehen. Was wäre mit unserem Glauben geschehen? Dennoch ist es falsch sich von Gott abzuwenden, **deshalb existiert er immer noch.**

Schließlich wird die erlebte Not als Begründung genutzt, um zu sagen: **„Wenn es einen Gott gäbe, würde er dies nicht zulassen!"** Es war eigentlich nie ein Glaube vorhanden. Man kann jetzt nur seinen Unglauben begründen und dabei allen bezeugen, dass man ein ruhiges Gewissen haben kann. Ein Gott, der nichts tut ist entweder sehr schwach oder gar nicht vorhanden oder er hat kein Herz! All dies sind Argumente, die begründen sollen warum man denn nicht mehr glauben kann. Es klingt alles sehr gut, aber es trifft nicht **die Wahrheit.** Gott ist ein starker liebender Gott, er hat uns alles zuvor gesagt, aber daran halten sich die Menschen nicht. Leider müssen deshalb unschuldige Menschen, Kinder und alte Menschen alles dies ertragen.

Darum ist Gott auch ein **zorniger** Gott und es muss ein jeder Mensch sich einmal vor ihm verantworten. Von vielen Christen wird heute das Wort **„zornig"** nicht gern gehört, denn sie sagen es gibt nur einen **„liebenden"** Gott. Soweit kann man auch das Wort Gottes **entstellen.** Es heißt nicht umsonst: **„Die Rache ist mein!" Das hat auch Gott gesagt** und so braucht niemand sich nur einen liebenden Gott vorzustellen, **denn er wird uns nach unseren Taten richten. Der Wahrheit können wir nicht ausweichen und uns zurechtlegen, was uns gefällt.**

Es klingt alles gut, aber nicht alles was gut klingt ist wahr! Darum ist es wichtig, alles im Lichte der Wahrheit zu betrachten, dann werden wir sie auch finden!

Heilig sind die Engel und Gott

Wir müssen unsere Unvollkommenheit annehmen und nicht daran arbeiten, Heilige zu werden, **sondern uns nur mühen,** Gott Freude zu machen.

Thérèse von Lisieux, Kirchenlehrerin

Bleibt in meiner Liebe

Da legt sich die Frage nahe für jeden und jede von uns: Was hat sich in letzter Zeit gewandelt in meiner Beziehung zu Jesus Christus? Ist meine Beziehung zu ihm intensiver geworden oder schwächer? Oder herrscht Funkstille zwischen uns, weil ich mich von seinem Wort nicht ansprechen lasse und folglich auch nicht angemessen antworten kann im Gebet? Weil Jesus weiß, dass Beziehung etwas Lebendiges,

Veränderliches ist, sagt er: Bleibt in meiner Liebe.

Bleiben ist heutzutage kein sehr positiv besetztes Wort. In unserer Gesellschaft schätzt man mehr lockere Ver-änderungen. Aber die Beziehung soll nicht abgebrochen werden, sie soll bleiben. Das ist gemeint mit der Aufforderung: Bleibt in meiner Liebe.

Dr. Werner Thissen, Erzbischof von Hamburg

Auf den richtigen Stern kommt es an

Zum Menschen gehört das Fragen und das Suchen. Er soll aber nicht so suchen, dass er gleichsam auf einer endlosen Reise ist, wo er überall anklopft und antippt, überall probiert und nippt und eigentlich nie findet, was er sucht. Wir Menschen suchen oft lange vergebens. Wir erfahren auch, was die drei Magier unterwegs erfahren:

Sie müssen durch Wüsten, sie gehen Irrwege, sie wissen noch nicht, ob sie überhaupt ein Ziel finden. Aber sie haben entdeckt, dass sie manchmal unbemerkt doch schon geführt werden. Der Stern führt sie. Nach einem Stern uns auszurichten, das tun wir eigentlich immer. Manchmal bleiben wir hängen beim Roten Stern, beim Mercedes-Stern, bei Stars und Sternchen. Überall sind Sterne. Aber auf den Stern zuzugehen, der uns wirklich auch als Stern am Abend unseres Lebens bleibt oder am Morgen früh der Morgenstern ist – **darauf kommt es an.** Ein Stern, der immer leuchtet. Ein Stern, der uns nicht verlässt und der uns nicht in die Irre führt.

Karl Kardinal Lehmann, Bischof von Mainz

Unser nächstes Ziel

Das Endziel unseres Standes ist das Reich Gottes oder das Himmelreich; aber unser nächstes Ziel ist **die Reinheit des Herzens,** ohne die keiner zu diesem Endziel gelangen kann.
Johannes Cassianus (um 360-um 435), christl. Schriftsteller

Ein fröhlicher Christ

Ein fröhlicher Christ ist eine Empfehlung für seinen Glauben. Wie du vor dem Schaufenster stehst, um zu sehen, was man dort alles kaufen kann, **so schauen die Leute dir ins Angesicht, um zu sehen, was tief unten in deinem Herzen wohnt.**

Charles Haddon Spurgeon (1834–1892), engl. Baptist

Eine Adventsgeschichte

Der kleine Kobold Gwendolin saß in seiner Wurzelwohnung im Wald und war ratlos. Er hatte einfach keine zündende Idee, wie er seinen Kobold-Kollegen in diesem Jahr eine Weihnachtsfreude machen könnte. Und dabei hatte Gwendolin sich in diesem Jahr ein besonderes Ziel gesetzt dass viele seiner Kollegen wegen der hektischen Vorbereitungen gar nicht zur Ruhe kamen. Aber vor lauter Hektik und Zeitmangel hatte die eigentliche tiefe Freude über das Weihnachtsgeschehen gar nicht entstehen können.

Als Gwendolin einem Freund von seinen Überlegungen erzählen wollte, antwortete dieser: **„Sinn – Weihnachten – keine Ahnung! Und außerdem habe ich sowieso keine Zeit!"** Gwendolin erschrak und dachte bei sich: „Wozu dann all die Weihnachtsgeschenke, wenn das größte Geschenk, die allergrößte Freude und der

Grund der Aufmerksamkeiten in Vergessenheit geraten sind?"

Gwendolin rätselte und grübelte ...

Als er zum Fenster hinaus schaute, sah er plötzlich in der Ferne einen Punkt, der langsam näher kam, und bald erkannte er seinen Freund Arnulf. Gwendolin freute sich sehr über den unerwarteten Besuch, stellte schnell Teewasser auf, zündete eine Kerze an und stellte seinen selbst gebackenen Schokoladenkuchen auf den Tisch. Als Arnulf ankam, hatte er in Windeseile einen gemütlichen Teetisch hergerichtet.

Die Begrüßung der Freunde war herzlich, sie erzählten sich viel und Gwendolin berichtete auch von seinen Sorgen wegen der Geschenke. Da begann Arnulf zu sprechen: „Eigentlich bin ich nur gekommen, um dir schnell dein Geschenk zu bringen, aber der liebevoll gedeckte Tisch und deine herzliche Begrüßung haben mich umgestimmt. Ich muss gestehen, ich hatte das wahre Weihnachten eigentlich auch vergessen, aber deine Liebe und Wärme hier, ließen mich zur Ruhe kommen. Du hast mir heute nichts geschenkt als deinen wunderbaren Kuchen und den duftenden Tee, und trotzdem hast du mir Weihnachten viel näher gebracht, als Geschenke, die ich sonst bekam. Ich danke dir von Herzen!"

Arnulfs Gedanken gingen Gwendolin noch durch den Kopf und plötzlich hatte er eine Idee! Er bereitete viele kleine Säckchen vor und packte nur eine Kerze, ein Päckchen Tee, Schokoladenkuchen und einen Zettel hinein, auf dem stand:

Lieber Kollege,

eine Kleinigkeit zum Fest!

Zünde dir die Kerze an, brühe

den Tee auf, und während du den

Kuchen isst, freue dich daran,

was Gott an Weihnachten für uns tat.

Gott, der sprach: Licht soll aus der Finsternis hervor leuchten, er hat einen hellen Schein in unsere Herzen gegeben. Auch in deines

Dein Gwendolin

Brauchen wir einen Lehrer?

約 14:6耶 穌 說 、 我 就 是 道 路 、 真 理 、 生 命 . 若 不 藉 著 我 、 沒 有 人 能 到 父 那 裡 去 。

Übersetzung
Johannes 14:6
Jesus sagte: Ich bin der Weg, die Wahrheit und das Leben.

Niemand kommt zum Vater außer durch mich.

Wenn wir das Textwort ansehen in fremder Sprache, dann wissen wir, dass wir einen Lehrer dringend brauchen. Solche Buchstaben kennen wir nicht, weil wir sie nicht gelernt haben. Um sie zu verstehen brauchen wir einen Lehrer bzw. Übersetzer. Erst dann erkennen wir den Wert der Buchstaben und ihren tiefen Sinn. Es bestreitet niemand, dass wir einen Lehrer brauchen, um gebildet zu werden. Deshalb besuchen wir auch eine Schule und nehmen alles in uns auf, was wir vermögen. Je mehr wir lernen und in uns aufnehmen, je besser werden wir unser Leben meistern. Dieses leuchtet uns ein. Wenn es aber nun darum geht das Wort Gottes zu hören und zu lernen, **dann gibt es verschiedene Meinungen**. Die einen sagen, das brauche ich nicht, es gibt keinen Gott. Die anderen sagen ich glaube an Gott und höre gern auf sein Wort. In der Regel ist es aber so, dass wenn man über Gott redet, es immer so zwischen Tür und Angel geschieht, indem nur ganz allgemein etwas dazu gesagt wird und damit meint man, das Thema tiefgründig behandelt zu haben. Man gibt nur etwas völlig belangloses zur Sprache, was eigentlich nichts aussagt, **aber das Thema „Gott" ist damit abgehandelt.**

So kann man aber nicht über Gott und sein Wort reden! Hierzu brauchen wir ein großes Verständnis, **das uns Gott geben will.** Die Bibel gibt uns davon ein gutes Zeugnis. Sie ist ein Liebesbrief unseres himmlischen Vaters und sollte so von uns verstanden und gelesen werden. Zuallererst aber erhielten wir von Gottes Existenz Kenntnis von unserer Mutter, unserem Vater, sofern sie selbst Gott als ihren Vater erkannten. Weitere Zeugen waren vielleicht unsere Großeltern, aber auch Lehrer, die uns von Gott erzählt haben. Ihnen allen mussten wir zuhören und glauben. Ohne sie würden wir nie zu einem Gottesverständnis gekommen sein. Menschen, die solche Lehrer nicht hatten, können auch zu Gott finden, aber **sie haben es einfach nur schwerer.** Wenn ich nun diesen Lehrern gefolgt bin, heißt das nicht, dass ich ihnen blindlings gefolgt bin. Ich habe sehr wohl den Wahrheitsgehalt ihrer Worte geprüft. Mein Weg zu Gott und Jesus war aber durch ihre Unterweisungen viel leichter **und dafür danke ich ihnen!**

Wenn wir nun zu allem, was wir nicht verstehen sagen würden: **„Das gibt es nicht oder existiert nicht",** dann würden wir uns selbst belügen. Nehmen wir nur ein Fachbuch her, wovon wir keine Ahnung hätten, weil wir es nie gelernt haben z.B. ein Buch über Elektronik, über Computer oder über ein Auto, oder über Medizin usw. usw. Ich weiß zwar meinen Computer zu bedienen oder mein Auto zu fahren oder meine Medizin zu nehmen, aber wie das alles funktioniert, davon habe ich keine Ahnung, **weil ich nichts davon gelernt und studiert habe.**

So ging es auch dem Finanzverwalter der Königin von Äthiopien. Er war in Jerusalem gewesen, um dort am jüdischen Gottesdienst teilzunehmen, und fuhr nun wieder zurück. Unterwegs in seinem Wagen las er im Buch des Propheten Jesaja. Da traf er auf Philippus, der ihn fragte: **„Verstehst du denn, was du da liest? Der Finanzverwalter sagte: „Wie kann ich es verstehen, wenn mir niemand hilft!"** Apg. 8.

Wenn wir uns also keinem Lehrer anvertrauen, **dann werden wir auch nicht verstehen.** Deshalb war Jesus mein Lehrer, der mir alles für mein Leben gesagt und gelehrt hat. Und nicht nur das, er lehrte mich sogar den Weg in den Himmel zu finden. Ich glaube ihm deshalb, weil er sein Leben für uns Menschen am Kreuz gegeben hat, damit wir zu Gott gelangen können. **Seine Liebe zu uns Menschen hat mich überzeugt und deshalb gilt auch meine Liebe ihm ganz allein.**

Tu es nicht!

Wenn einer sich das Leben nehmen will, aus welchen Gründen auch immer, und ein anderer sieht es, wird dieser, wenn er Nächstenliebe hat, rufen: „**Tu es nicht!**" Er wird versuchen, ihn davon abzuhalten. Genauso werfen viele ihr Seelenleben fort. Sind wir dann solche, die rufen: „**Tu es nicht!**"

Denken und Tun, Tun und Denken, das ist die Summe aller Weisheit, von jeher anerkannt, von jeher geübt, nicht eingesehen von einem jeden! Über allen Tugenden steht eines: das beständige Streben **nach oben**, das Ringen mit sich selbst, das unersättliche Verlangen nach **größerer Reinheit, Weisheit, Güte und Liebe**. Wer sich wirklich nach etwas sehnt, der wird alles in seinen Kräften stehende tun, um das Ziel der Sehnsucht zu erreichen.

Die Menschheit sucht mit Bangen nach Gott und Ewigkeit. Da gibt es **gläubige** Menschen und auch **ungläubige**. Die gläubigen Menschen suchen das Wort von Gott, welches vom Himmel zu uns kommt. Sie nehmen es von Gott gegeben als **ein Geschenk** für ihre Seele. Sie haben nur einen Wunsch und ein Verlangen es in sich aufzunehmen und danach zu tun. In diesem Bestreben können sie erleben, wie das Wort Gottes in ihnen eine Veränderung schafft und sie zu einem neuen Mensch macht. Sie merken, dass es ganz positive Veränderungen sind und fühlen, dass es sie nach **oben** zieht, **in den Himmel**. Die Frage, wie das alles einmal sein wird und wie denn der Himmel funktioniert, **stellt sich ihnen nicht,** denn sie **vertrauen** dem Wort Gottes und folgen bedingungslos. Das Hinterfragen der Worte vom Himmel betrachten sie als nicht angebracht, weil sie spüren, wie ein Kind, **sie werden geliebt**. Sie sind daher bestrebt immer mehr den Willen ihres Vaters im Himmel zu tun und ihm zu folgen, denn er hat ihnen versprochen, dass sie den Weg in den Himmel finden werden, wenn sie ihm vertrauen. Was kann es daher Größeres auf dieser

Erde geben, als ein solches Herz zu haben, das ihnen Gott **geschenkt** hat. Es ist auch gar nicht schwer dem Wort Gottes zu folgen, denn Jesus verlangt nur wenig, wenn er sagt: „**Nehmt auf euch mein Joch und lernt von mir; denn ich bin sanftmütig und von Herzen demütig; so werdet ihr Ruhe finden für eure Seelen** Mt 11,29."

Damit hat es uns Gott sehr leicht gemacht, denn mit dem Beispiel von Jesus können wir sehen, **dass Gott existiert.** Er wurde von seinem und unserem Vater in diese Welt gesandt, um uns **alles zu lehren**, was wir brauchen, um in den Himmel zu kommen. Für mich als Christen gibt es keinen Grund ihm nicht zu folgen. Ganz im Gegenteil, ich danke Gott, **dass er mir ein solches Beispiel und einen solchen Lehrer gesandt hat.**

Nun gibt es aber auch genau das Gegenteil von Menschen, die einfach **ungläubig** sind und alles hinterfragen und mit ihren eigenen Gedanken ergründen wollen, wie denn alles entstanden sei und wie der

Himmel **funktioniert.** Es gibt kaum etwas, woran sie nicht zweifeln und alles besser wissen wollen. Sie kommen aber mit dieser Methode zu keinem Schluss und erfinden die **merkwürdigsten** Gedanken, die ihnen aber nicht weiterhelfen. So ist es nicht verwunderlich, dass es immer mehr Ungläubige gibt, die alle möglichen Varianten ins Spiel bringen. Sie wollen alle Vorteile des Lebens auskosten und erreichen. So bringen sie die Paskal`sche Wette wieder ins Gespräch.

„Was riskierst du, wenn du Gott in dein alltägliches Kalkül einbeziehst? Wenn es ihn nicht gibt, riskierst du gar nichts. Wenn es ihn doch gibt, kannst du alles gewinnen. Also versuch` s!"

So aber ist Glauben überhaupt nicht zu verstehen! An Gott zu glauben heißt auch: **Gott zu lieben!"** Ohne Liebe, nur aus Berechnung, gibt es keinen Glauben und so lässt sich Gott auch nicht finden. Solch ein Glaube ist eine Anbiederung aus dem eigenen Gedankengut geboren und führt niemals in den Himmel oder klärt die

Frage: **„Wie funktioniert der Himmel?"**
Ein reines Herz und ein demütiges Verhalten gegenüber Gott wird uns alles geben, was wir für unser Seelenheil brauchen. Unsere Seele aber will Frieden in Gott und diesen gibt uns Gott, sofern wir nicht behaupten: **„Er existiert nicht!"**
Mit dieser Behauptung ist kein Beweis erbracht. Gestern hörte ich im Fernsehen, wie die Atheisten sagten: **„sie haben den Urknall gehört!"** Diesen gab es nach ihren Berechnungen vor 13,75 Milliarden Jahren.
Das zu glauben erstaunt mich sehr! Das lässt die Seele sterben! **„Tu es nicht!"**

Sind wir noch Zeugen?

Sind wir noch ein Zeuge **des Glaubens?**
Sind wir noch ein Zeuge **der Hoffnung?**
Sind wir noch ein Zeuge **der Liebe?** Sind wir noch ein Zeuge **der Wahrheit?**

Wenn die Menschen auf uns blicken, können sie Hoffnung aus unserem Leben erkennen und Hoffnung für ihr eigenes Leben nehmen? Wenn die Menschen auf uns blicken, können sie liebevolle Taten, nicht nur Worte, an uns sehen **und werden sie davon bewegt von unserer Liebe auch zu ihnen?**
Wenn die Menschen auf uns blicken, können sie dann merken, dass wir die Wahrheit sagen **und können sie diese von uns annehmen, weil sie uns kennen?** Christen werden nicht durch mitleiden am eigenen Körper mitleidig mit anderen, sondern durch **ihre helfende Tat** leiden sie mit den anderen mit. Deshalb versteht und empfindet ein Christ das Leid seines Nächsten, auch wenn er selber in guten Verhältnissen lebt und gesund sein darf. Wenn wir an unser Ziel denken, **dann wird uns nichts zu viel.**
Wenn ich andere bekehren will, muss ich **selbst mich bekehren,** muss ich selbst in mir ein **reines** Herz schaffen. Erst dann kann ich wirken mit wirklichem Erfolg. Es

ist wie das Wachstum von innen aus mir heraus kann ich gute Gedanken und Kräfte zur Entfaltung bringen, damit sie außerhalb von mir gewaltig wirken können.

Böse Gedanken haben natürlich eine böse Kraft, aber der Weg ihrer Wirkungsweise ist derselbe!

Dadurch, dass wir das Edle, Reine und Erhabene lieben und verehren, entsagen wir unaufgefordert dem Unreinen, Unedlen und Niedrigen.

Suche stets das Glück des anderen und du wirst dein eigenes finden.

Mache mich einfältig, eine nach der Weltweise sonderbare Bitte. Nach dem Verstand bedeutet „einfältig" dumm oder töricht. So aber nicht nach Auffassung des Heiligen Geistes. Es heißt, mein Herz soll nicht vielfältig, vielseitig, ein Platz für viele Geister sein, sondern es soll eine einzige Herzensfalte sein, **darin ein Geist, ein Gott, seinen Tempel hat.**

Die Frage, ob wir innerlich zufrieden sind, können wir in unserer Zeit, in der wir leben, nicht mehr mit einem ja beantworten. Wo wir hinschauen ist Diebstahl, Mord, Lüge, Hass, Hunger, Rauschgift usw. Wie kann uns das in Ruhe lassen, wenn täglich Menschen verhungern? Wenn Menschen ermordet werden? Wie können wir Ruhe in uns haben, wenn Lüge und Hass und Terror unseren Alltag bestimmt?

Um die Menschen zu ändern, muss man mit ihnen reden. Wir müssen gegen all diese Dinge kämpfen, mit all unserer Kraft. Aber wie führen wir diesen Kampf? Was können wir tun? Wie kämpfen wir? Wie kämpfe ich?

Ich kämpfe dagegen, indem ich jeden Tag neu meine Stimme erhebe und gegen Lüge, Hass und Gewalt predige…

Das größte Wunder der sichtbaren Schöpfung ist wohl der Mensch. Die Schrift bezeugt:

„Und Gott schuf den Menschen ihm zum Bilde, zum Bilde Gottes schuf er ihn.“ 1. Mose 1.27
Leider wurde, wie wir wissen, dieses schöne Bild **durch die Sünde** verunstaltet, und der liebe Gott vollbrachte ein neues großes Wunder. **Er schuf einen neuen Menschen, Jesus**, der Sohn Gottes, war der Erstling dieser Neuschöpfung. Der Herr Jesus hat dieses Wunder dem Nikodemus erklärt mit den Worten: **„Lass dich`s nicht wundern, dass ich dir gesagt habe: ihr müsst von neuem geboren werden.“** Joh. 3.7
Auch an uns ist dieses Wunder vollzogen in der Wiedergeburt. Das sieht man zwar dem äußeren Menschen nicht an. Doch aber tragen alle Geistgetauften das Zeichen des Lammes unsichtbar.
Nimm an des Christus Freundlichkeit, trag seinen Frieden in die Zeit! Gut sein, heißt niemanden verurteilen, schon gar keinen hassen oder verdammen oder unversöhnlich sein, **sondern vergeben und lieben.**

Alles hat seine Zeit

Pred 3,1-8 Alles hat seine Zeit
Ein jegliches hat seine Zeit, und alles
Vorhaben unter dem Himmel hat seine
Stunde:
geboren werden hat seine Zeit, **sterben**
hat seine Zeit; **pflanzen** hat seine Zeit,
ausreißen, was gepflanzt ist, hat seine
Zeit;
töten hat seine Zeit, **heilen** hat seine Zeit;
abbrechen hat seine Zeit, **bauen** hat seine
Zeit;
weinen hat seine Zeit, **lachen** hat seine
Zeit; **klagen** hat seine Zeit, **tanzen** hat
seine Zeit;
Steine **wegwerfen** hat seine Zeit, Steine
sammeln hat seine Zeit; **herzen** hat seine
Zeit, aufhören zu herzen hat seine Zeit;
suchen hat seine Zeit, **verlieren** hat seine
Zeit; **behalten** hat seine Zeit, wegwerfen
hat seine Zeit;

zerreißen hat seine Zeit, **zunähen** hat seine Zeit; **schweigen** hat seine Zeit, **reden** hat seine Zeit;
lieben hat seine Zeit, **hassen** hat seine Zeit; **Streit** hat seine Zeit, **Friede** hat seine Zeit.
Pred 8,9 Das alles hab ich gesehen und richtete mein Herz auf alles Tun, das unter der Sonne geschieht zu der Zeit, da ein Mensch herrscht über den andern zu seinem Unglück.

Stunden

Sie kommen und gehen. Woher und wohin, davon weißt du nichts. Du weißt nur, **dass sie eine kleine Weile da sind.** Und dann rinnen sie zu den anderen der Vergangenheit, in das Meer der Ewigkeit. Nun musst du aber nicht denken, dass eine Stunde nichts sei! Du kannst sie, wenn du willst, **zu Gold münzen,** zu vergänglichem und unvergänglichem Gold.

Du kannst sie, wie du willst, mit **Güte und Schönheit und Größe, mit Liebe und Glauben und Treue und seliger Hoffnung** erfüllen, auch mit dem Gegenteil von alledem.

Oder du kannst sie auch taub verklingen lassen, dass gar nichts in ihnen ist als Dumpfheit.

Ganz wie du willst! Aber eines musst du wissen:

Keine von ihnen kommt zurück, die einmal ausgeschlagen hat mit klingendem Glockenklang oder schicksalsschwerem Zittern. **K e i n e !**

Auch die glücklichste nicht, die wie Maienblüte leuchtet, und die leiddunkle nicht, in der Tränen perlten. **K e i n e !**

Jede aber mahnt dich: „**Hab` auf mich acht!**"

Jede will etwas von uns. Die eine **Liebe,** die andere **Glauben,** diese **Pflicht,** jene **Opfer,** eine andere **milde Duldung.** Sie wollen so viel von uns**, so viel!**

Aber keine ist, die Hass fordert. Jede fordert Liebe!

Und doch kommt der Hass mit seinem rotglühenden Fieber, und die Liebe steht einsam und schweigt. **Die Liebe steht gar oft einsam und schweigt…und weint…** Verfasser unbekannt

Gott sieht alles

Gott zählt die **vielen Wege**, die je dein Fuß betrat, wo andrer Wohl und Wehe, dir sehr am Herzen lag!
Gott zählt die **vielen Schritte**, die du für ihn getan, er zählt auch Dank und Bitte, hört alles gnädig an!
Gott zählt die **vielen Tränen**, die je dein Herz geweint, nichts brauchst du zu erzählen, er hat` s nur gut gemeint!
Gott zählt die **Liebestaten,** die du so gern geübt, nicht eine ist vergessen, weil er dich so sehr liebt!
Gott zählt die **lieben Worte**, die deine Zunge sprach, sie fanden Zweck und Orte, und wirken Segen nach!

Gott zählt die **vielen Stunden**, die du für ihn geschafft, und du kannst froh bekunden, es war nur seine Kraft!
Gott zählt die **vielen Seufzer**, er kennt ja deine Last, er kennt dein stilles Warten, wenn du gebetet hast!
Und was hier nicht geschrieben, das steht in seinem Buch, fein säuberlich geschrieben, zu deinem Wohlgeruch!
Verfasser unbekannt

Das ist Sieg

Umgang mit Gott ist das Geheimnis der Siege, die Quelle aller inneren und äußeren Kraft.
Wenn du vergessen oder vernachlässigst wirst, wenn man dich mit Fleiß in die Ecke stellt, und du beugst dich darunter und dankst dem Herrn in deinem Herzen für die Beleidigungen und Demütigungen – **das ist Sieg.**

Wenn das Gute, das du tust oder beabsichtigst, verlästert wird, wenn deine Wünsche durchkreuzt werden, wenn man deinem Geschmack zuwider handelt, deinen Rat verschmäht, deine Ansichten lächerlich macht, und du nimmst alles still und in Liebe an – **das ist Sieg.**
Wenn dir jede Nahrung recht ist, wenn du auch mit jeder Kleidung, jedem Klima, jeder Gesellschaft und Lebensstellung, jeder Vereinsamung, in die der Herr dich führt, zufrieden bist – **das ist Sieg.**
Wenn du jede Missstimmung bei anderen, jede Beschwerde, jede Unregelmäßigkeit und Pünktlichkeit, an der du nicht schuld bist, zwar nicht gutheißest, aber ertragen kannst, ohne dich zu ärgern – **das ist Sieg.**
Wenn du jede Torheit, Verschrobenheit, auch geistlicher Gefühllosigkeit, jedem Widerspruch von Sündern, jeder Verfolgung begegnen kannst und es alles ertragen kannst, wie Jesus es ertragen hat – **das ist Sieg.**
Wenn es dir nie daran liegt, weder dich selbst noch deine Werke im Gespräch in

Erwägung zu bringen oder nach Empfehlung auszuschauen, wenn es dir in Wahrheit recht ist, unbekannt zu bleiben – **das ist Sieg.**
Verfasser unbekannt

Wir haben es schon gehört: **„Gott sieht alles!"** Aber wie haben wir darauf reagiert? Haben wir es ernst genommen und uns entsprechend verhalten oder haben wir darüber gelächelt und so getan, als existiert Gott nicht? **Unabhängig davon, sieht Gott alles!** Unser Verhalten ist also bei Gott nicht unbekannt. Er rät uns deshalb:

Mt 6,33 **„Trachtet zuerst nach dem Reich Gottes und nach seiner Gerechtigkeit, so wird euch das alles zufallen."**

Das muss unser Bestreben hier auf dieser Erde sein, denn einen Rat annehmen, **das ist weise.** Dieser Rat kommt auch nicht von irgendwem, **sondern von Gott** selber und das Befolgen von Gottes Wort hat bis heute uns Menschen **nur Gutes** gebracht und den Segen des Himmels. Wie das ist, können wir schon heute erleben, denn es wird uns immer gelingen, dass wir den schmalen Weg des Glaubens gehen können und **niemand** kann uns aufhalten, in den Himmel zu gehen.

Ich habe kein Grab

In diesen Tagen zeigt uns der Kalender, dass die letzten Tage im Kirchenjahr angebrochen sind. Wir erleben den Ewigkeitssonntag oder auch Totensonntag, wo wir unserer Verstorbenen gedenken, mit denen wir einst gelebt haben und die wir heute noch lieben. Die Erinnerung an sie lässt uns ein wenig stille steh`n und stille sein, **denn wie viel Gutes haben wir von ihnen erhalten und erfahren!** Sie sind zwar von uns gegangen, sind jetzt fern von uns an einem anderen Ort, in einer Welt, die noch nicht die unsere ist. Wir wissen aber, dass auch wir einmal diese Erde verlassen und ihnen folgen werden. Bis dahin vergessen wir unsere Lieben aber nicht, **sondern gehen an ihre Gräber und halten die Erinnerung an sie ganz öffentlich und in Dankbarkeit wach.** Das ist nicht nur Tradition in unserer Kultur, denn in anderen Kulturen sind es zum Teil andere Gepflogenheiten, **aber alle ehren ihre Verstorbenen** auf ihre Art, sondern es ist uns ein Herzensbedürfnis, dass wir ihnen nahe sein können.

Das Grab meiner Großeltern wird von mir schon seit 62 Jahren besucht. Eine sehr lange Zeit. Das Grab meiner Eltern, unser Familiengrab, wird von mir seit 32 Jahren gepflegt und erhalten. Daher weiß ich, dass damit auch Arbeit verbunden ist, aber ich tue sie gern. Einen Lohn will ich dafür nicht haben, denn ich glaube, ihn schon hier und jetzt durch meine Grabpflege erhalten zu haben. Denn ich habe neulich von einem Menschen gehört, wie er sagte:

„Ich habe kein Grab, um das ich mich kümmern könnte, mich sorgen könnte. **Mir fehlt etwas,** wenn ich die Menschen sehe, die sich liebevoll um das Grab ihrer Angehörigen kümmern, ein paar Blumen pflanzen, hingehen und gießen, die Verbindung zu ihren Lieben pflegen! Mir fehlt etwas, ich habe kein Grab, wo ich hin gehen kann, um denen nahe zu sein, **die sich einmal um uns gekümmert haben.** Ich kann nicht mit ihnen reden an ihrem Grab, sie sind weit weg, denn ich habe kein Grab, um das ich mich kümmern könnte, **das tun andere.** Sie sind nicht mehr da, sind in ihrer, einer anderen Welt. Was sie nun sind, werden wir einmal sein! Ob es dann auch niemanden gibt, der an meinem Grabe stehen wird?

Am Grab können wir unsere Verbundenheit mit unseren Lieben beweisen und zeigen, **dass wir sie immer noch lieben.** Wir können nicht nur da stehen und nichts tun, nein wir bewegen liebevoll unsere Hände, um ein paar Blumen zu pflanzen und zu pflegen. Alle sollen sehen und wissen, dass wir unsere Eltern, unsere Großeltern **nicht vergessen haben** und ihnen ein Denkmal gesetzt haben, um ihnen die Ehre zu geben, die in unserer Kultur üblich ist. **Nein, ich habe kein Grab, ich bin darüber sehr traurig!"**

Gerade in diesen Tagen, wo die Gräber für den Winter fertig gemacht werden, können wir viele Menschen sehen, die etwas für ihre Verstorbenen tun. Sie gehen zum Friedhof an das Grab ihrer Angehörigen und stehen stille, verbinden sich mit ihnen im Gespräch und wissen, dass da noch etwas ist, was wir nur ahnen können. Aber uns, **die wir an Gott glauben, muss es ein Herzensbedürfnis sein unsere Lieben zu besuchen und an sie zu denken,** wenigstens an Tagen wie zum Ewigkeits-sonntag oder an Geburtstagen und Weihnachten.
Wie ist es aber möglich, dass es nun auch solche Menschen gibt, die sich um kein Grab kümmern wollen, **obwohl es das**

Grab ihrer Eltern ist? Ihre Eltern werden darüber sehr traurig sein! So kann nur ein Gottloser handeln, aber das haben sie ihnen nicht beigebracht.
Es verurteilt aber der verstorbene Gerechte die lebenden Gottlosen Weish 4,16

Ihr mit eurer Bibel

In einem Kreis christlicher Menschen sagte einer unüberhörbar laut:
„Ihr mit eurer Bibel, das ist doch lauter Mist!"
Darauf folgte eine Weile betretenes Schweigen, das dann ein alter Bauer brach, indem er sagte:
„Ja, wenn der Mist auf einem Haufen liegt, dann ist er nicht viel wert und stinkt sogar. Aber, wenn man ihn verteilt, auf das Feld, wo er hingehört, da wirkt er sogar Wunder."

So ist es mit Gottes Wort, **es will Wunder wirken**, wenn wir es nur annehmen wollen und nicht gleich negativ urteilen. Den Inhalt der Bibel muss man deshalb nicht gleich als „**Mist**" bezeichnen, nur weil wir das Wort nicht annehmen wollen.

Wer kann z.B. gegen folgende Bibelstelle etwas Besseres setzen:

„**Tut doch Taten, die eure Umkehr beweisen!**"

Welche Taten sind gemeint?

„**Wer zwei Gewänder hat, der gebe eines dem, der keines hat.**

Und wer zu essen hat, der handle ebenso!"

Würden die Menschen danach handeln, brauchte niemand wegen Hunger sterben. In der Bibel steht aber „**Mist**".

Freiheit

Über den Begriff **„Freiheit"** gibt es ja viele Auffassungen. Goethe definierte das so:

„Hat einer nur so viel Freiheit, um gesund zu leben und sein Gewerbe zu treiben, so hat er genug, und **so viel hat leicht ein jeder.** Und dann sind wir alle nur frei unter gewissen Bedingungen, **die wir erfüllen müssen.**
Der Bürger ist so frei wie der Adlige, sobald er sich **in den Grenzen hält**, die ihm von Gott durch seinen Stand, worin er geboren, angewiesen. Der Adelige ist so frei wie der Fürst, denn wenn er bei Hofe nur das wenige Zeremoniell beobachtet, **so darf er sich als seinesgleichen fühlen.** Nicht das macht frei, dass wir nichts über uns anerkennen wollen, **sondern eben, dass wir etwas verehren, das über uns ist.** Denn indem wir es verehren, heben wir uns zu ihm hinauf und legen durch unsere Anerkennung an den Tag, **das wir selber**

das Höhere in uns tragen und wert sind, seinesgleichen zu sein. Ich bin bei meinen Reisen oft auf norddeutsche Kaufleute gestoßen, welche glaubten, meinesgleichen zu sein, wenn sie sich roh zu mir an den Tisch setzten. Dadurch waren sie es nicht. **Allein sie wären es gewesen, wenn sie mich hätten zu schätzen und zu behandeln gewusst."**

Dieser Auffassung schließe ich mich an. Allein auf das richtige Durchdenken einer Sache eines Begriffes kommt es an.

Wir müssten also anders an die Dinge des Glaubens herangehen als es gewöhnlich getan wird. Das heißt, **viel tiefgründiger.** Wir selber müssen neu und tiefer über Gott denken lernen, um ihm besser zu entsprechen um dann Antwort geben zu können. Wir müssen besser auf Gott achten lernen und **auf das, was man über ihn sagen kann.**

Wenn wir dieses Ziel haben, fragen wir vielleicht besser:

„Wie kommt Gott in meinem Leben vor?"

Gott können wir nicht als unseresgleichen uns vorstellen. Aber das denken die Menschen. **Das ist jedoch falsch.** Sie wollen ihn **auf Augenhöhe** vor sich haben, um dann mit ihm zu **diskutieren.** Er soll ihnen Rede und Antwort stehen. Er soll ihnen **gefälligst** alle ihre Fragen beantworten und sich vor ihnen rechtfertigen. Aber so können wir uns Gott nicht vorstellen. Er, der alles geschaffen hat, die Erde, das Universum und uns selbst, **ist doch nicht personifiziert denkbar,** obwohl sein Sohn als Mensch unter Menschen gelebt hat. Er war aber kein schwacher Mensch, obwohl man ihn getötet hat, sondern ein über alle Maßen hinaus **erhabenes Wesen zu dem wir nur in Ehrfurcht aufschauen können.** Wenn wir ihn zu schätzen und zu behandeln wissen, wie Goethe es ausdrückte, **nur dann werden wir uns zu seinesgleichen hinaufbegeben können.** Streben wir danach.

Die Weihnachtsameise

Wir alle kennen die Weihnachtsge-
schichte und ihre große Bedeutung für uns
Menschen. Übermorgen feiern wir Heilig-
abend und denken an die Geschichte, die
in Bethlehem geschehen ist. In Ehrfurcht
neigen wir uns vor Gott, der seinen Sohn
zu uns auf die Erde sandte und uns das
Evangelium gepredigt und erklärt hat.
Manchmal kommen uns Menschen auch
seltsame Gedanken und wir sagen:
**„Warum kam Gott in unsere Welt als
Baby?"** Ein kleines Kind sollte uns
Menschen das Heil von Gott bringen, wo
doch ein solches Wesen so **schwach** ist,
dass es selber Hilfe braucht. Dazu habe ich
eine wunderschöne Geschichte gelesen, die
uns eine Antwort auf diese Frage gibt:
„Sebastian stand im Wohnzimmer vor der
Weihnachtskrippe und kaute auf seiner
Unterlippe. Das tat er immer, wenn er
intensiv nachdachte.

Du, Vater, warum wird Gott an Weihnachten **ein Baby?** Wie? Überrascht sah der Vater auf. **Warum wird Gott ein Baby?** Sebastian blieb beharrlich bei seiner Frage. Ja, weißt du, ich glaube, Gott wollte den Menschen nahe sein, er wollte, dass sie ihn verstehen. **Als Baby?** Sebastian schüttelte den Kopf. Wenn Gott wollte, dass die Menschen ihn besser verstehen, dann hatte er keinen guten Weg ausgewählt. **Was sollte da ein kleines Kind!**

Vater hatte sich inzwischen gefangen. Ich habe da mal eine Geschichte gehört, mit der man das vielleicht etwas besser verstehen kann. Mal sehen, ob ich sie noch zusammenbekomme. Sebastian kletterte auf Vaters Schoß und blickte ihn gespannt an. Also, ich glaube, die Geschichte ging so:

Eines Tages war der alte Lord mit seinem Sohn in den Wald gegangen. Sie schritten zwischen den mächtigen Bäumen hindurch. Der Lord hatte beschlossen, alle fällen zu lassen. Schon bald würde man

hier das klingen der Äxte und die Rufe der Arbeiter hören. Dieser Wald hatte seine Zeit gehabt. Alles würde hier neu werden. Der Sohn war vor einem Ameisenhaufen stehen geblieben. Interessiert beobachtete er das emsige Treiben der kleinen Tierchen. Alle waren sehr beschäftigt. Eine schleppte Tannennadeln, andere Steinchen, die größer waren als sie selbst. Wieder andere liefen nur hin und her und man konnte nicht erkennen, was ihre Aufgabe war. Was wird mit den Ameisen hier passieren? Der Sohn sah zu seinem Vater auf. Auch für sie wird es ein Ende haben, wenn wir den Wald schlagen. Aber das müssen wir ihnen doch sagen! Der Lord lächelte. Ihnen sagen? Wie wollen wir den Ameisen sagen, dass es mit dem Wald und mit ihrer kleinen Welt, mit ihrem Ameisenhaufen, zu Ende geht?
Ich weiß es, rief der Junge aufgeregt. Er nahm einen großen Stein und ließ ihn mitten in den Ameisenhaufen fallen. Was tust du da, rief der Lord. Du zerstörst ja alles! Nicht alles. Ich weiß, es ist eine

Katastrophe für sie. Aber ich muss ihnen doch irgendwie sagen, dass Gefahr besteht! Auf dem Ameisenhaufen war inzwischen die Hölle los. Wie sinnlos liefen die kleinen Tiere hin und her. Der Stein war tief eingesunken. Ich bin gespannt, was jetzt passiert.

Auf dem Rückweg können wir hier noch einmal vorbeikommen. Widerstrebend ging der Junge mit. Als die beiden nach geraumer Zeit wieder zum Ameisenhaufen kamen, hatte sich die Aufregung dort schon gelegt. Von den Zerstörungen war kaum mehr was zu sehen. Der Stein war eingebettet in die Ameisenwelt. Das Ameisenleben ging wieder seinen gewohnten Gang. **Sie haben nicht begriffen,** rief der Junge aus. Alles ist wie vorher! Nach einer Weile meinte er leise: Wahrscheinlich müsste ich eine Ameise werden, damit sie verstehen, was ich ihnen sagen will. Der Lord sah ihn fragend an. Ich müsste ganz klein werden. Einer von ihnen. Müsste ihre Sprache sprechen, in ihrer Welt leben. Ja, der Lord nickte. Das

wäre wahrscheinlich die einzige Möglichkeit. Aber ob sie dann glauben würden?
Ob sie dir glauben, dass du mein Sohn bist,
und ob sie dir glauben, dass du weißt, was
mit dem Wald und mit ihrer kleinen Welt
passiert? Man müsste es versuchen, sagte
der Junge. Man müsste es versuchen, sagte
der Lord.
Aufatmend lehnte sich der Vater im Sessel
zurück. Ich hätte es auch versucht, sagte
Sebastian.
Ja, ich weiß. Der Vater lächelte. **Gott hat
es versucht. Er wurde so klein wie ein
Mensch** und lag eines Tages als neu-
geborenes Baby in der Krippe. **Er wollte,
dass wir ihn verstehen**. Und, fügte er
ernst hinzu, **nur wer glaubt,** dass das Kind
in der Weihnachtskrippe Gottes Sohn ist,
wird ihn verstehen und was noch wichtiger
ist, wird ihn ernst nehmen.
Sebastian war aufgestanden und zur
Krippe gegangen, um sich noch einmal das
Jesuskind anzusehen. Deshalb wurde Gott
ein Baby. **Wir waren ihm nicht gleich-
gültig. Er hatte uns etwas Wichtiges zu**

sagen. **Langsam begann er zu begreifen, was Weihnachten wirklich war."**

Nacherzählt von Dieter Kohl

Schrille Nacht, Eilige Nacht!

In einem Zeitungsartikel unserer Stadt wurde über moderne Andachtsformen und Gespräche mit Jugendlichen in der Kirche berichtet. Hier waren besonders weltliche Themen und Toleranz als Schwerpunkte gesetzt. Ein besonderes Higlhights sei jedoch der 24. Dezember eines jeden Jahres mit dem Slogan **„Schrille Nacht, Eilige Nacht",** wenn sich die Jugend und **ehemalige** Gemeindemitglieder treffen, um Probleme zu besprechen und bis in die Morgenstunden hinein ihre Zeit miteinander verbringen; ohne Fernsehen, ohne Internet, ohne Vorurteile!
Weiter heißt es: „Die Gesellschaft, befindet sich nicht erst seit gestern, im Wandel. Medien beeinflussen den Alltag,

das Internet ist allgegenwärtig, gesteigerte Freizeitangebote nehmen Überhand und erschweren vielerorts die häufig ehrenamtliche Jugendarbeit. Es heißt flexibel sein, modern und aufgeweckt an die Jugendlichen herantreten, sie nicht zu überfordern, sondern sie zu interessieren oder gar begeistern."

Dieser Artikel hat mich zutiefst, wegen seiner Veranstaltung am 24. Dezember, berührt. Es ist durchaus richtig, dass sich unsere Gesellschaft in einer besonderen schweren Zeit befindet, was auch den Umgang mit Jugendlichen betrifft. **Aber diese Zeiten hat es immer gegeben**. Es ist doch selbstverständlich, dass die Jugend einfühlsam und mit viel Gefühl mitgenommen werden muss, um die Zukunft zu gestalten und zu meistern. Es kann aber **unmöglich richtig** sein, wenn man der empfindsamen Jugend so entgegenkommt, dass man nach ihren Wünschen und Vorstellungen den Tag gestaltet. Auch die Jugend muss lernen, **dass es nicht nur**

ihre Wünsche gibt, sondern dass Gott von uns allen die Einhaltung von Normen und göttlichen Gesetzen fordert.
Rock und Disko oder Faschingsveranstaltungen haben also nichts in einer Kirche zu suchen, aber damit lockt man die jungen Menschen geradezu in die Kirche und vergisst dabei, dass Jesus gesagt hat: **„Meines Vaters Haus soll ein Bethaus sein!"** Hier war auch Jesus einmal ganz aus der Reihe gekommen und er wurde sogar **handgreiflich,** als er die Händler und Geldwechsler aus dem Tempel getrieben hatte.

Am 24. Dezember, der auch **„Heilig Abend"** genannt wird, unter dem Titel **„Schrille Nacht, Eilige Nacht"** zur Diskussionsrunde bis zum frühen Morgen einzuladen, erscheint mir zwar reizerisch und reizvoll für junge Wilde zu klingen, **nimmt aber dem Tag seine „Heiligkeit",** die er schon seit fast zweitausend Jahren hat. Ich meine, und frage mich, wie wollen wir der jungen Generation **das Gefühl der**

Heiligkeit vermitteln, wenn wir ihnen jegliches Gefühl von Heiligkeit rauben, gerade an so einem Tag, **wo man nicht besser dieses Gefühl vermitteln könnte?** Gerade in der Weihnachtszeit und besonders am **„Heilig Abend"**, dem 24. Dezember, spüren wir hier auf Erden, dass uns Gott in jedem Jahr wieder neu erleben lässt, **wie sein Frieden** aussieht. Die Menschen werden friedlich untereinander, selbst kriegerische Handlungen werden eingestellt und jeder spürt, dass hier Frieden entsteht, **der nicht irdisch ist, sondern vom Himmel kommt.** Die ganze Adventszeit ist von diesem Fluidum erfüllt und es scheint der Himmel die Erde zu berühren. Dieses verspüren wir im gesamten übrigen Jahr nicht in unserer Welt. Wenn wir dieses Geschehen den Jugendlichen nicht in der Weihnachtszeit vermitteln wollen, **wann soll es dann geschehen?**

An solch einem Tag, dem **„Heilig Abend",** über Probleme zu diskutieren, anstatt den Heiligen anzubeten und seiner

zu gedenken, der für uns alle geboren
wurde, gelitten hat und gestorben ist,
macht mich sehr betroffen und traurig.
Jugendarbeit ist etwas sehr Empfindsames
und mit viel Gefühl zu betreiben, wenn sie
erfolgreich und nachhaltig sein soll.
Darum sollten wir uns bemühen!

Nicht verurteilen

Da gibt uns Jesus schon wieder einen Rat,
der schwer einzuhalten ist, aber beachtet
werden muss, ob wir es wollen oder nicht,
wenn wir Gnade bei Gott empfangen
wollen. Wir sind ganz schnell dabei andere
zu verurteilen, obwohl Nachsicht angebracht wäre. Es ist leicht über andere den
Stab zu brechen. Ich denke dabei mal an
die, welche in schlimmen Zeiten gelebt
haben. Heute kommen Menschen daher,
die sagen, was habt ihr getan als die Nazis

regiert haben? Warum seid ihr nicht eher dagegen aufgestanden? Oder andere fragen, warum habt ihr euch in der DDR nicht gewehrt gegen die Unterdrückung?

Wer so fragt, trägt seine **geistige Schwachheit** für alle sichtbar nach außen, denn wenn man nicht in diesen Zeiten gelebt hat und sich in diesen Zeiten bewähren musste, und derartige Äußerungen tut, zeigt man deutlich, dass ihm **jedes** Verständnis für diese Zeit fehlt. Sicherlich hätte jeder aufstehen können und sich wehren können, aber das bedeutete in dieser Zeit, dass er sein Leben aufs Spiel gesetzt hätte oder ins Gefängnis gegangen wäre. Vorausgesetzt man hätte dies in Kauf genommen, wäre ein Widerstand möglich gewesen. Es haben auch etliche Menschen ihr Leben eingesetzt, **aber die Diktaturen dadurch nicht abgeschafft.** Die Herrschaft dieser Diktaturen wurde **durch Gott selber** beendet, der ja angeblich immer nichts tut und man fragt: **„Gott, wo warst du?"**

Das tausendjährige Reich ist nach zwölf Jahren untergegangen und die Mauer, die noch 100 Jahre stehen sollte, wurde nach 28 Jahren eingerissen, durch eine friedliche Revolution **mit Kerzen, ohne einen Schuss!**

Soviel zu dem unüberlegten verurteilen der Menschen, wenn sie **nicht zum Nachdenken** bereit sind. Wer nachdenkt und seinen Kopf gebraucht, wird **niemals** zu solchen Urteilen fähig sein, sondern in Demut Gottes Eingreifen erkennen und dafür dankbar sein. Der liebe Gott sieht alles und niemand wird ungesühnt davon kommen. Er ist auch ein **strafender und zorniger** Gott und ein **verurteilender**. Deshalb wollen wir Gott das verurteilen überlassen und uns davor hüten andere zu verurteilen.

Gedanken zum Advent

Der Advent ist uns geschenkt als eine Zeit, den neuen Himmel und die neue Erde intensiver und voller Sehnsucht zu erwarten. Wir wollen uns neu ausrichten, uns bereit machen, umkehren und mit Gottes Hilfe wieder aufstehen, wenn wir gestrauchelt sind. Das kennen wir von uns als Einzelnen wie auch in unseren Gruppen. Auch wo wir miteinander versuchen, das Gute und Ermutigende, das in unserer Gemeinschaft des Glaubens lebendig ist, den Menschen zu zeigen, bleiben wir immer wieder hinter unseren Hoffnungen und Idealen zurück. Doch miteinander vertrauen wir darauf, dass Jesus Christus, uns selbst bei der Hand nimmt und aufhilft. Der Advent will weiß Gott mehr sein als eine beschauliche Einstimmung auf Weihnachten. Er will mehr sein als eine besinnliche Einstimmung auf Weihnachten. Er will uns nicht einfach nur besinnlich machen, sondern **zur Besinnung bringen!** Wir haben vom Anliegen des Advents zu wenig erfasst, solange wir ihn nicht als Aufbruch verstehen, als Kraftspritze, gestärkt vom Geist Gottes neu anzufangen! Unser Leben und Zusammenleben, unsere Gemeinschaft des Glaubens soll so sein, dass andere vom Äußeren auf das Innere schließen können: Hier leben Menschen mit- und füreinander, die an den neuen Himmel und die neue Erde glauben und sich von dieser Hoffnung leiten lassen.

Dr. Robert Zollitsch, Erzbischof von Freiburg, Vorsitzender der Deutschen Bischofskonferenz

Ich klopfe an

Ich klopfe an zum heiligen Advent
und stehe vor der Tür,
o selig, wer des Hirten Stimme kennt

und eilt und öffnet mir!

Ich klopfe an, da draußen ist`s so kalt!
Auch Menschenherzen sind gefroren,
ich stehe vor verschlossnen Toren,
wo ist ein Herz, den Heiland zu empfahn?
Ich klopfe an!

Ich klopfe an, der Abend ist so traut,
so stille, nah und fern,
die Erde schläft, vom klaren Himmel
schaut der lichte Abendstern,
in solchen heil`gen Dämmerstunden
hat manches Herz mich schon gefunden.

Ich klopfe an und bringe nichts als Heil
Und Segen für und für.
Ich klopfe an, bist, Seele, du zu Haus,
wenn dein Geliebter pocht?
Bist du bereit, mich bräutlich zu empfahn?
Ich klopfe an.

O hör auf deines Herzens Pochen,

in deiner Brust hat Gott gesprochen.
Ich klopfe an! **Sprich nicht:** „Es ist der
Wind",
dein Heiland ist`s, dein Herr, dein Gott,
mein Kind, o stelle dich nicht taub!

Ich klopfe an, jetzt bin ich noch dein Gast
Und steh vor deiner Tür,
jetzt komm ich noch im sanften Sausen,
o glaub, es ist kein eitler Kinderwahn!
Ich klopfe an!
   Karl Gerock 1815-1890

„Ein Leuchten wie Silber und Gold"

Wir wünschen euch in dieser Zeit ein Lied
in jedem Haus, das in euch selbst
erklingen soll und in die Welt hinaus, mit
Worten voller Zuversicht, an die ihr
glauben wollt, und ein Leuchten wie Silber

und Gold. Und wem das Glück gegeben
ist, zu glauben wie ein Kind, der findet
eine Antwort da, wo sonst nur Fragen
sind.

Hört wie hell ein Glöckchen klingt,
der Kinder Herz vor Freude springt,
erfüllt die Welt mit Lichterschein
und Weihnachtsfriede kehre ein.

Oskar Stock

Du brauchst Gott weder hier noch dort zu
suchen: Er ist nicht ferner als vor der Tür
des Herzens. Da steht er und harrt und
wartet, wen er bereit finde, der ihm auf-
tue und ihn einlasse.
Du brauchst ihn nicht von weither
herbeizurufen: Er kann es weniger
erwarten als du, dass du ihm auftust. Es ist
ein Zeitpunkt: Das Auftun und das
Eingehen, in unserem tiefsten Innern, da
will Gott bei uns sein.

Wenn er uns nur daheim findet und die Seele nicht ausgegangen ist mit den fünf Sinnen.

Meister Eckhart

Niemand besitzt Gott so, dass er nicht mehr auf ihn warten müsste und niemand kann auf Gott warten, der nicht wüsste, dass Gott schon längst auf ihn gewartet hat.

Henriette und Johannes Kuhn

Jetzt, wann denn dann?

Jetzt ist die Stunde, jetzt ruft uns der Herr, **jetzt** spricht er zu uns, **jetzt** haben wir die Chance, **jetzt** wird getagt oder vertagt,

jetzt müssen wir uns entscheiden, **jetzt** sollen unsere Lampen brennen, **jetzt** sollen wir Ihn erwarten, **jetzt** kommt Er und **jetzt** will er bei uns ankommen.

Wenn nun ein armseliger Mensch sich schon darüber ärgert, dass die geringe Mühe seiner Reden ohne Nutzen ist, mit wie viel mehr Recht wird der Herr der Herrlichkeit sich wohl entrüsten, wenn seine große Mühe durch unsere Herzenshärte oder Gleichgültigkeit **erfolglos** bleiben sollte.

Und offensichtlich haben Menschen seit jeher gespürt, dass sie es bei sich nicht aushalten können, **wenn nicht Gott bei ihnen wohnt.**
Ohne Gott wird die Welt unmenschlich und hart.

Der Himmel senket sich, er kommt und wird zur Erden!

Wann steigt die Erd empor und wird zu
Himmel werden?

Angelus Silesius

Es ist so recht das Mysterium von dem
knienden, von dem tief knienden
Menschen: dass er größer sei, seiner
geistigen Natur nach, als der Stehende!

Der Frost haucht zarte Häkelspitzen
perlmuttergrau ans Scheibenglas.
Da blühn bis an die Fensterritzen Eis-
blumen, Sterne, Farn und Gras.
Kristalle schaukeln von den Bäumen, die
letzten Vögel sind entflohn.
Leis fällt der Schnee in unsern Träumen
weihnachtet es seit gestern schon.

Mascha Kaleko

Was ist Advent?

Es ist Advent
Und alles rennt
Alle rasen wie verrückt
durch die Läden – voll geschmückt.
Hektik, Stress in allen Gassen,
überall sind Menschenmassen.
Es ist Advent,
ein Lichtlein brennt
Gemütlich ist's bei mir zu Haus,
ich mache alle Lichter aus
und sitz bei Kerzenschein,
mit einem Gläschen Wein.
Was ist Advent?
Kaum einer kennt.
noch die Geschicht von Jesus Christ
dass er zum Fest geboren ist.
Lasst uns wieder daran denken,
und nicht nur an das große Schenken.

Zündet an das   Zündet an das Licht der
Licht der Liebe,   Hoffnung,

Erstes Licht am Tannenkranz,
Strahlt in alle Herzen Güte,
Bannet Finsternis durch Glanz.
Zündet an das Licht der Freude,
Zweites Licht am Tannenkranz,
Bald ist Weihnacht:
Halleluja!
Himmelsglocken, Engeltanz.

Drittes Licht am Tannenkranz,
Bring uns Segen, gib uns Glauben,
Christus, Dir vertraun wir ganz.
Zündet an das Licht der Gnade,
Viertes Licht am Tannenkranz,
Schenke unsern Seelen Reinheit,
Christenliebe, Friede, Glanz.

Wir sagen euch an den lieben Advent.

Sehet die erste Kerze brennt!
Wir sagen euch an eine heilige Zeit,

Machet dem Herrn den Weg bereit!.
|" Freut euch ihr Christen,
  Freuet euch sehr!
  Schon ist nahe der Herr"

Wir sagen euch an den lieben Advent.
Sehet die zweite Kerze brennt!
So nehmet euch eins um das andere an,
Wie euch der Herr an uns getan.
|"Freut euch ihr Christen,
  Freuet euch sehr!
  Schon ist nahe der Herr"
Wir sagen euch an den lieben Advent.
Sehet die dritte Kerze brennt!
Nun trag eurer Güte hellen Schein
weit in die dunkle Welt hinein.
|" Freut euch ihr Christen,
  Freuet euch sehr!
  Schon ist nahe der Herr"
Wir sagen euch an den lieben Advent.
Sehet die vierte Kerze brennt.
Gott selber wird kommen. Er zögert nicht.
Auf, auf ihr Herzen und werdet Licht!

|"Freut euch ihr Christen,
   Freuet euch sehr!
   Schon ist nahe der Herr"

Das ist die Zeit

Ängste und Tränen aus innerer Not,
hungernde Herzen nach geistigem Brot,
Glauben, Hoffen, verlacht vom Verstand:
Das ist die Zeit, **in die Gott uns gesandt!**

Beten für jeden, der Beten verlernt,
nahe sein denen, die von uns entfernt,
Freude austeilen mit dienender Hand:
Das ist die Zeit, **in die Gott uns gesandt!**

Wunden erkennen, die keiner sonst sieht,
Herzen versöhnen, wo Unrecht geschieht,
Frieden bringen, wo Feindschaft entstand:
Das ist die Zeit, **in die Gott uns gesandt!**

Treue zu halten, wo Treue nichts wert,

Glauben bewahren, wo Glauben zerstört,
hoffen zu können, wo diese entschwand:
Das ist die Zeit, **in die Gott uns gesandt!**

Wir hatten Freunde

Wir gingen einfach raus und trafen sie auf
der Straße. Oder wir marschierten einfach
in deren Heim und klingelten. Manchmal
brauchten wir gar nicht klingeln und
gingen einfach hinein ohne Termin und
ohne Wissen unserer gegenseitigen Eltern.
keiner brachte uns und holte uns........
Wie war das nur möglich?
Wir dachten uns Spiele aus mit Holz-
stöcken und Tennisbällen. Außerdem
aßen wir Würmer .Und die Prophe-
zeiungen trafen nicht ein: Die Würmer
lebten nicht in unseren Mägen für immer

weiter, und mit den Stöcken stachen wir nicht besonders viele Augen aus.

Beim Straßenfußball durfte nur mitmachen wer gut war, wer nicht gut war musste lernen mit Entäuschungen klarzukommen.

Manche Schüler waren nicht so schlau wie andere. Sie rasselten durch Prüfungen und wiederholten Klassen. Das führte nicht zu emotionalen Elternabende oder gar zur Änderung der Leistungsbewertung.

Unsere Taten hatten manchmal Konsequenzen. Das war klar und keiner konnte sich verstecken.

Wenn einer von uns gegen das Gesetz verstoßen hatte war klar dass die Eltern ihn nicht aus dem Schlamassel heraushauen. Im Gegenteil: Sie waren der gleichen Meinung wie die Polizei!
So etwas.

Unsere Generation hat eine Fülle von innovativen Problemlösern und Erfindern

mit Risikobereitschaft hervorgebracht.
Wir hatten Freiheit, Misserfolg, Erfolg und
Verantwortung.
Mit alldem wussten wir umzugehen.
Und du gehörst auch dazu.
Herzlichen Glückwunsch.

Die Liebe

Die Liebe ist ein Sich-
Verschenken
Ohne Zweifel und Bedenken,
ohne Fragen, ohne Zagen,
ohne stets nach Lob zu jagen.
Liebe ist ein Opfer – Bringen
Und ein Kämpfen und ein Ringen,
für des Andern Glück und
Freud,
ohne Eigensucht und Neid.
Liebe ist das schöne Sterben,
um ein Höchstes zu erwerben.

Liebe stirbt, dass Andre leben,
das ist Liebe, Liebe geben.

Erntedank

Es passt uns nicht so recht an diesem Erntedanktag, dass sie um uns sind, aber sie sind es. Sie halten ihre Hände auf und betteln. Einige sind auch stolz und fordern unser Teilen. Es sind die Elenden aus zwei Dritteln der Erde, sie kommen in unsere gute Stube zwar noch bloß über den Fernseher, aber sie rufen laut: **Teilen!**

Auch wir wollen uns heute dem Lob deiner Schöpfung anschließen, du ewiger Gott. Wir danken dir für alles, was du uns schenkst. Für dein Wort, das uns froh macht, uns Orientierung gibt, für die Menschen, die auf uns achten und uns begleiten, für deine schöne Erde, die unser tägliches Brot hervorbringt und alles, was

wir zum Leben brauchen, für die Ernte dieses Jahres, für die Natur mit Blumen und Tieren, für gesunde Luft, für das Wasser, für alle Zeichen, in denen wir spüren können, dass du uns nahe bist. Wir wollen uns daran erinnern lassen, dass uns deine Gaben auch zum Teilen verpflichten. Gib uns dazu offene Augen für die, die uns brauchen, und offene Hände, damit wir es dir gleichtun, du gütiger Gott!
Gott sei Dank für alle Gabe! Wem denn sonst?

Ein Feiertag steht im Kalender. Erntedank. Dieser Sonntag ist ein Danktag. Hausgärtner und Landwirte fahren die Ernte ein. Weizen und Weintrauben, Rüben und Rotkraut, Äpfel, Birnen und Pflaumen. Viel Arbeit war nötig. Und zwischendurch gab es Tage und Nächte bangen Wartens und voller Fragen. Wird es einen Frost in der Blütezeit geben? Wann wird es wärmer? Wann kommt der Regen? Wann hört er endlich auf? **Noch**

immer und jedes Jahr neu sind wir in der Landwirtschaft vom Himmel abhängig. Beim Einkauf im Supermarkt oder dem Laden um die Ecke verlieren wir das schnell aus den Augen.
Gott sei Dank für alle Gabe! Wem denn sonst?

Danken heißt teilen. Wir feiern heute Erntedanktag. Gott, der Schöpfer, hat uns seine Natur anvertraut, die Blumen, das Obst, das Gemüse. Und nun möchten wir Gott einen Teil als Kostprobe bringen, wir möchten Gott an unserer Erntefreude teilnehmen lassen. Aber wie Danken? Dankt, indem ihr mit Bedürftigen teilt! Wenn ihr danken wollt, dann tut **Gutes** an Notleidenden. Ihr dankt dann recht, **wenn ihr teilt.** Wie hat im vergangenen Jahr Gott wieder Regen, Wind, Frost, Sonne geregelt! Teilen wir mit Kranken, mit alten Menschen, denen sonst selten einer eine Blumenfreude macht.
Dankbarkeit ist eine Antwort darauf, dass wir beschenkt wurden. Gott hat uns

beschenkt. Unser Leben und unsere Welt sind voller Geschenke Gottes. Wir denken an all das, was wir haben und erleben. Da kommt bestimmt bei jedem einiges zusammen.

Der Eine hat mehr im Leben bekommen, er gibt davon dem ab, der weniger hat. Ihm wird es nicht weggenommen, weil er zu viel hatte, sondern aus Dankbarkeit für den Reichtum schenkt er weiter. **So wünscht es sich Gott.** Da schlägt das Herz Gottes. Er steht bei den Armen. Und im Teilen wird Gemeinschaft gestiftet. Wer eigentlich Gott ist, erfährt die Welt daran, wie seine Gemeinde am Leid Anteil nimmt und im Segen Hilfe austeilt. **So wird Gott verstehbar und verherrlicht.** Damit wird ja der Name des Herrn verherrlicht. Dann ist es ein Bekenntnis zu unserem Vater im Himmel. Das ist die Frucht, die seinen Namen bekennt.

Vergesst nicht! Vergesst es nicht, das Teilen!

Wir dürfen es ruhig zugeben, dass wir über dem Ernte-Einsammeln das Teilen vergessen können. Über der Mühe des Zusammenhaltens und dem Bergen in Keller und Kühltruhen kommt uns der Notleidende aus dem Blick. Wir sehen leichter die, die mehr haben als wir, und übersehen die, die weniger haben. Wir vergessen, dass wir selber einmal arm waren. Wir sind vergesslich.

Das Erntedankfest ist also **ein Erinnerungstag: „Vergesst das Teilen nicht!"**

Geteiltes Leid ist halbes Leid! Geteilte Freude ist doppelte Freude. Wir haben viel zu teilen.

Wir können unsere Wohnung offen halten für jeden, so dass sie eine Stätte des Friedens ist. Einer teilt das Vorrecht des Autos und fährt einen anderen in den Gottesdienst. Einer teilt seine Zeit. Übrig haben wir die Zeit alle nicht. Aber einer teilt sie und besucht einen Kranken. Und wer sich ganz arm vorkommt, dass er nichts zu teilen hätte, weil er selbst krank ist, der teilt die Unruhe der Gehetzten und hört zu und trägt den Kummer und die Sorgen der anderen **im Gebet zu Gott. Jeder** hat etwas, was er mit anderen teilen könnte, und jeder wird reicher. Und das Erntedankfest hört das ganze Jahr nicht auf, **das Fest des Teilens.**

Das Glück ist das einzige was sich verdoppelt, wenn man es teilt! Darum teile, was auch immer es dich kosten mag. Feiern wir also den Erntedank als Erinnerungsfest und vergessen wir nicht: **„Danken heißt teilen!"** Gott schenkt jedenfalls zum weitergeben. Und er schenkt unermesslich reichlich.

Nun danket alle Gott, mit Herzen, Mund und Händen!

Wir pflügen, und wir streun den Samen auf das Land, doch Wachstum und Gedeihen steht in des Himmels Hand: der tut mit leisen Wehen sich mild und heimlich auf und träuft, wenn heim wir

gehen, Wuchs und Gedeihen drauf. Alle gute Gaben kommen her von Gott dem Herrn, drum dankt ihm, dankt, drum dankt ihm, dankt und hofft auf ihn!
Matthias Claudius

Freuen wir uns über Obst und Gemüse, Brot und Kuchen, über alles, was unser Leben reich macht. Gott sei Dank! Wem denn sonst?

Heute feiern wir Erntedank. Ein immer noch sehr traditionelles Fest in unserer Zeit. Anschaulich, bunt, mit allen Sinnen zu begreifen und schön im Gottesdienst zu feiern. Und doch: „Recht besehen läuft gerade das Erntedankfest unserem Zeitgeist entgegen."

„Denn an diesem Sonntag feiern wir Gottes Macht über unser Leben, und das schließt zugleich die Anerkennung unserer Ohnmacht ein."

Alle gute Gabe kommt von Gott, dem Herrn. Dabei sind wir es doch sonst gewohnt, alles selbst in der Hand zu haben, vorzusorgen und zu planen. Nun der wäre wohl ein Narr, wer das alles ablegen wollte, aber es ist nicht alles und nicht das Entscheidende, das ist der Segen Gottes, der Wachstum und Gedeihen gibt. An diesem Sonntag treten wir von uns und unserer Hände Werk einen großen Schritt zurück und danken Gott für alles. **Wem denn sonst!**

Mahlzeit!

Am Anfang stand wohl ein Gebet mit der Bitte **„Gott, segne uns die Mahlzeit!"** Es waren die Gedanken an den Geber und die Erfahrungen häufigen Mangels. Selten war es selbstverständlich, dass die Teller randvoll waren. Schlechte Ernten, Katastrophen und Kriege führten zu Hungersnöten. So war es oft eine ernste Bitte um das tägliche Brot und die Bitte um Gottes Segen für das karge Essen. Je größer und voller die Teller wurden, umso kleiner und kürzer wurde das Gebet: **„Segne uns die Mahlzeit!"** Hier wurde Gott schon vergessen. Aus der Bitte wurde ein Wunsch für den Nachbarn: **„Gesegnete Mahlzeit!"** Und weil vielen der Segen Gottes so wichtig auch nicht ist, blieb schlicht**: „Mahlzeit!"**

Die Bibel ermuntert uns zum Dankgebet, gerade am Erntedankfest: **„Danket dem Herrn, denn er ist freundlich, denn seine Güte währet ewiglich. Danket dem Herrn aller Herren, denn seine Güte währet ewiglich. Der Speise gibt allem Fleisch, denn seine Güte währet ewiglich"** Psalm 136

Ein Tischgebet kann den Dank an Gott auch mit der Aufmerksamkeit für die Mühe der Zubereitung verbinden: **„Gott, segne diese Gaben und alle, die sie bereitet haben!"**

Himmel und Hölle

Über Himmel und Hölle erhalten wir in den Tagesnachrichten kaum Informationen. In Film und Fernsehen machen sich Leute lustig über die Hölle. So richtig für bare Münze nimmt das heute kaum einer, wenn die Bibel über die Hölle spricht. Wie es dort zugeht und wo sich dieser Ort befindet, ich habe keine Ahnung. Die Bibel beschreibt uns keinen Folterkeller, wohl aber **einen Ort ohne Gott.** Darum ist es dort nicht zum Aushalten.

Gott aber gibt uns sein Wort mit Gedanken und Geboten zur Nächstenliebe. Er will, dass unser Leben gelingt. Darum ist sogar einer von den Toten auferstanden: **Jesus Christus.** Wenn wir an ihn glauben, können alle Höllen der Welt schließen.

Zeit heilt alle Wunden

Still stehe ich an meinem Fenster
träume mich fort ins ferne Land,
wo ich vor endlos vielen Jahren den
kleinen Engel lächelnd fand.

Der mir ein helles Lichtchen reichte mir
stille nahm das große Leid,
und flüsternd – leise – sanft erzählte
dass alle Zeit die Wunden heilt.

Doch was ist mit den tiefen Narben, die
jeder Schmerz mir hat gebracht,
ganz oft kann ich sie brennen fühlen
besonders in der kalten Nacht.

Da höre ich die Stimme wispern die
Narben wird man immer sehn,
sie werden langsam sacht verblassen
doch niemals gänzlich von dir gehen.

Ich spüre wohlig zarte Wärme als mich
berührt des Engels Hand, den ich an
diesem dunklen Tage mit einem Lächeln
wieder fand.

Wenn ich an meine Heimat denke

Wenn ich an meine Heimat denke, spür
ich die Sehnsucht immer in mir und meine
Wehmut zieht mich zu ihr.
Wenn ich an meine Heimat denke, möchte
ich ganz egal wo ich bin am liebsten noch
heute nach Hause gehen.
Wo grüßt mich jeder, wohin ich auch geh,
nur zu Haus.
Wo spricht man die Sprache, die ich auch
versteh, **nur zu Haus.**
Wo find ich ein Nest voller Wärme, **nur zu
Haus.**

Wo haben wir als Kinder gespielt, **nur zu Haus.**
Wo hab ich meine Jugend erlebt, **nur zu Haus.**
Und wo sind immer noch meine Freunde, **nur zu Haus.** –

Wenn ich an meine Heimat denke, spür ich die Sehnsucht immer in mir und meine Wehmut zieht mich zu ihr!

Teure Heimat

Teure Heimat nach dir geht mein Sehnen nur für dich glänzt im Augenblick die Träne.
Teure Heimat, wann seh ich dich wieder, ich ertrage die Trennung und Fremde nicht mehr, wann, ach wann, tönen froh unsre Lieder auf den Fluren der teuren Heimat wieder.
Gütiges Schicksal erhör unser Flehen, lass uns bald die unseren wiedersehen.

Wo die Sonne nicht ist, kann auch die
Liebe nicht sein.
Unsere Nacht kennt nur ewiges
Schweigen.
Wo die Hoffnung nicht ist, bleibt die
Verzweiflung allein, traurig ziehen die
Stunden dahin.
Ach wie schön könnt das Leben doch sein,
nur die Liebe kennt Sonnenschein.
Teure Heimat so fern und so wunder-
schön, nur noch einmal im Leben möchte
ich dich wiedersehn.
**Es ist nichts auf der Welt wie die Heimat
so schön!**
**Es ist nichts auf der Welt wie die Heimat
so schön – so schön!**

Heimat deine Sterne

Heimat deine Sterne sie strahlen mir auch
am fernen Ort. Schöne Abendstunde – der

Himmel ist wie ein Diamant. Tausend
Sterne stehen in weiter Runde – in der
Ferne träum ich vom Heimatland.

Die Sprache der Heimat

Die Sprache der Heimat darfst du nie
vergessen und alles das Schöne, was Du
einst besessen, die Eltern, die Freunde,
auch das Dorf und die Stadt, die erste
Liebe, die Dich nicht vergessen hat.
Du wirst in eine Welt geboren und hast
dein Herz daran verloren, denn hier bist
Du zu Haus und lebst tagein- und tagaus.
Die Wärme und Geborgenheit den Zu-
fluchtsort in Freude und Leid, den findest
Du nur hier, bitte glaube es mir.
Die Sprache der Heimat...
Zieht es in die Ferne Dich spürst Du
bestimmt genau wie ich das Heimweh,
irgendwann, denn einmal klopft es an. Du

sprichst mit der Vergangenheit suchst die Erinnerung früherer Zeit und denkst gern an den Rat, der geholfen hat.
Die Sprache der Heimat...

Freundschaft, das ist wie Heimat

Jeder möchte gern ein Leben lang vertrauen wie ein Kind. Darum wende Dich dahin, wo Deine Wurzeln sind und wenn Du irgendwann ein Fremder bist und Du fühlst Dich so allein, dann kann Dir nur ein guter Freund ein Stückchen Heimat sein.

Freundschaft, das ist wie Heimat, ein Gefühl von Geborgenheit – Nur da, wo die Menschen Dich lieben, nur da ist Dein Herz auch daheim.

Freundschaft, das sind die Freunde, die irgendwann kommen und gehen. Nur ein guter Freund verlässt Dich nicht, wenn die Sonne nicht mehr scheint. Was man

keinem Menschen sagen kann, **das sagt man einem Freund!**
Wenn Du spürst, dass ich mal Sorgen hab, ich weiß, Du hörst mir zu. Es kann sein, dass ich Dich Heute brauche und Morgen brauchst Du mich. Du weißt immer, da ist irgendwo jemand, der jetzt an Dich denkt und ein Herz, das Dir entgegenschlägt, bekommst Du von mir geschenkt.
Freundschaft, das ist ...

Die Heimat darfst du nie vergessen

Die Heimat darfst du nie vergessen wohin immer das Schicksal dich treibt. Die Heimat ist die Wiege des Lebens, die gern jeder Dichter beschreibt.
Wenn im Frühling die Blumen erwachen, wenn der Sommer den Herbst langsam spürt, die Heimat darfst du nie vergessen, weil dein Herz sonst das Schönste verliert. Wie schnell ist dein Lachen vertan und wie schnell manche Liebe im Winde verweht.

Herrliche Träume, wo sind sie! - bei Tag von der Sonne verzaubert und glaub, wenn ich sag:
Die Heimat darfst du nie vergessen, wohin immer das Schicksal dich treibt, die Heimat ist die Wiege des Lebens, die gern jeder Dichter beschreibt.

Heimat ist, wo Dich die Menschen grüßen, wo man Dich liebt und kennt.
Die Heimat darfst du nie vergessen wohin immer das Schicksal dich treibt. Die Heimat ist die Wiege des Lebens, die gern jeder Dichter beschreibt.
Freundschaft, das ist wie Heimat, ein Gefühl von Geborgenheit – Nur da, wo die Menschen Dich lieben, nur da ist Dein Herz auch daheim.
Die Sprache der Heimat darfst du nie vergessen und alles das Schöne, was Du einst besessen, die Eltern, die Freunde, auch das Dorf und die Stadt.

Teure Heimat nach dir geht mein Sehnen nur für dich glänzt im Augenblick die Träne.
Teure Heimat so fern und so wunderschön, nur noch einmal im Leben möchte ich dich wiedersehn. **Es ist nichts auf der Welt wie die Heimat so schön!**
Es ist nichts auf der Welt wie die Heimat so schön – so schön!

Das Puzzle

Wie man beim Puzzle alle Puzzleteile braucht, damit das Bild komplett ist, braucht auch jede Gemeinschaft (Familie, Kirche usw.) alle ihre Glieder, um ein ganzes Bild zu sein.

Keiner darf die Gemeinschaft aufkündigen. Keiner kann sich als der einzige Wichtige darstellen und die anderen für unwichtig erklären. Jeder braucht alle anderen.

Von einem Puzzleteil kann man sich kein Gesamtbild machen von der Gemeinschaft. Die anderen fehlen eben.

Ein Mensch, der sagen würde: Ich brauche alle anderen nicht, um ein Gesamtbild zu zeigen, wäre zum Scheitern verurteilt, denn er könnte nur sich selbst darstellen und nicht die Gesamtgemeinschaft zu der er sich zugehörig fühlt.

Und das heißt zum anderen: Es können sich auch nicht alle zusammentun und einen ausschließen, weil er ihnen nicht gefällt. Denn wenn nur einer fehlt, dann ist das Ganze nicht komplett.

Bei einem Puzzle, bei dem auch nur ein Teil fehlt, ist das ganze hinüber. Eine Gemeinschaft ist auf jedes einzelne Mitglied angewiesen, **sonst wäre sie nicht komplett.**

Liebe, und dann tu was du willst

„… Der Satz ist grandios. Denn in seinem Sinn liegt eine ungeheure Freiheit. Sich selber oder einem Anderen die Freiheit geben zu können, zu tun was man will, das ist so ziemlich das Äußerste, was man sich vorstellen kann.

Ich fange mal bei mir selber an. Dort wo jeder auf sich selber sieht und sich selber ernst zu nehmen versucht. - **„Tu was Du willst!"** - Wie wurde mir dieser Satz entgegengebracht?
Sicher schon mal in dem resignierenden Sinn: **Tu was du willst.** Du wirst es ja tun, auch wenn ich dir mit Menschen- und mit Engelszungen davon abrate.

Vielleicht auch im Zorn: **Tu was du willst, ich mag nicht mehr!** Ich mag mich nicht länger mit dir befassen.

Oder: **Tu was du willst.** Ich will dein Tun nicht länger verantworten.

Tu was du willst, ich werde sehen, was daraus wird, und du auch.

All dies sind Möglichkeiten, die sich nur im Tonfall, nicht aber in den Worten unterscheiden.

Wie wesentlich ist doch der Tonfall!

Und nun wieder zurück zur Überschrift:

Liebe, und dann tu was du willst!

Also zuerst: **„Liebe!"** Liebe als Aufruf, als Aufforderung, als Bitte. Was bewegt sich dabei in mir?

Liebe. Was ist eigentlich Liebe? - Zuwendung, Hinwendung, Nähe, Gefühl, Seelenverwandtschaft, Anziehung, Verstehen und Verstehenwollen, Hilfe, Ergänzung, Beglücken wollen, Glück, Kraft, Erfreuen, Geborgenheit vermitteln wollen, Schutz, Trost. Ja, all das sind Ausdrucksformen der Liebe, sind „Töne" der Liebe einem Anderen gegenüber.

Mir selbst gegenüber auch?
Mich mir selbst zuwenden, bei mir sein, mich verstehen wollen, mein Glück wollen, mich erfreuen, mir selbst Geborgenheit geben oder erlauben, mich selbst trösten, mir Frieden erlauben oder geben? Der vorangegangene Satz verträgt es, mit viel Geduld und Geist erfasst zu werden. Und der folgende auch: **„Liebe Gott . . . und deinen Nächsten wie dich selbst!"**

Liebe. Was ist das Auszeichnende an Liebenden? - Ihre gemeinsame Kraft, die keine Hindernisse zu kennen scheint? - Sicher denken wir dabei an ein verliebtes Paar, das im Frühlingsglück seiner Liebe durchs Leben zu schweben scheint – ein schönes Bild.

Aber wir wissen inzwischen, dass nach dem Frühling ein Sommer folgt, ein Herbst, ein Winter. Wir wissen, dass dem jungen Glück der Alltag folgen wird. Manches Glück und auch manche Sorge. Vielleicht wird es Streit geben, Unstimmigkeiten, schlechte Laune, schwere Tage, Traurigkeit, Kummer, und auch wieder Glückstage voller Freude.

Liebe ist aber auch die Kraft, den Anderen und sich selbst zu korrigieren, und zwar ohne zu entwerten oder herabzuwürdigen.

Liebe ist auch die Freiheit, loszulassen. Den Anderen seinen Weg gehen zu lassen und mit Wohlwollen zu begleiten. So wie wir unsere Kinder loslassen müssen. Aber es ist leichter, wenn wir sie auch loslassen wollen und können, und sich die Bindung auf anderer Ebene wieder aufbaut.

Liebe. Wenn dann die Jahre vergehen, das Leben sich rundet, die Liebe immer noch die Kraft des Gebens und des Tragens ist. Die Ergänzung und das passende Gegenstück zur Seele des Anderen.

Ist Liebe nicht überhaupt das Sehnen nach der Ergänzung, das Sehnen nach einem „Ganz-Werden", das ich nicht in mir selbst finden kann, sondern im Kontakt und im Einswerden mit einem Anderen, einem Größeren und Umfassenderen?

Damit nähere ich mich einem Gedanken, der alle Liebenden auf eine neue Stufe hebt, denn in der Liebe hört ja alles „Erreichenwollen" auf.

Lieben ist das Zusammenseinwollen. Und ich muss nicht meine Fehler oder Unzulänglichkeiten aufzählen, um danach

zu berechnen, welche besonderen Stärken
mein Liebespartner aufweisen muss,
damit die Verbindung „passt".

Liebe auf dieser „anderen Ebene"
überschreitet alles Trennende um des
Einswerdens Willen. Daher auch dies
unbeschreibliche Glück im Geliebtwerden
und im Lieben.

Liebe als die Kraft und als das Bild der
EINHEIT. Liebende fühlen sich EINS.
Und niemand kann anordnen: „Liebe,
liebe mich!"

Liebe ist immer ein Überfließen aus freiem
Willen, aus dem Sein und aus dem Sinn
und Geist.
Wahrscheinlich ist es dieses Überfließen,
das Menschen widerfährt, wenn er von
Erleuchtung oder dem Heil oder der
Gnade erfasst werden, und sie spüren, es
ist EINS. Immer ein Geschenk.

In diesem Moment erfährt es der Mensch wie eine Ergänzung aus GOTT, er wird – obwohl Mensch – in der Liebe mit GOTT zu dem einen Ganzen und Heilen. Solche Menschen dürfen tun was sie wollen. Vielleicht müssen sie gar nicht mehr wollen, sie tun einfach. Da ist nicht mehr: „Ich liebe, ich will lieben.", sondern **da ist „LIEBE".**

Vorläufig aber möchte ich Euch sagen: „Ich liebe Euch!" Und vorläufig werde ich es nicht wagen zu tun was ich will, jedenfalls nicht immer. Vorläufig freue ich mich an den kleinen Blumen am Weg und an Menschen die strahlen.
Vorläufig ist es gut, sich selbst anzu-erkennen, und zu glauben, dass auch die eigenen Fehler und Unzulänglichkeiten ihr Teil zu unserem Werden beitragen.
Vorläufig ist es gut, darauf zu vertrauen, dass sich GOTT auch in dir und mir genau so entfaltet, wie du und ich sind.

Vorläufig ist es sicher gut, an Bild und Gleichnis des Lebens zu erahnen, was das Ganze und vollständige SEIN ist.
Vorläufig brauchen wir nicht mehr zu sein als das was wir sind. –
Von GOTT geliebte Wesen !

Gebet

Vater …
Ich darf dich lieben, weil DU mich liebst.
Ich darf dir geben, weil DU mir gibst.
Ich darf dich kennen, weil DU mich kennst.
Ich darf dich nennen, weil DU mich nennst.

Gedanken haben Kraft

In allen Bereichen unseres Lebens beginnt Erfolg bereits in den Gedanken – das gilt übrigens auch fürs Versagen. Es lohnt sich daher nicht, jeden Gedanken zu Ende zu denken. Lernen wir, gute von schlechten Gedanken zu unterscheiden **und sortieren wir die schlechten aus.**

Wenn wir davon überzeugt sind, dass wir etwas nicht tun oder erreichen können, dann steigt damit auch die Wahrscheinlichkeit, dass wir es tatsächlich nicht können.
Unsere Gedanken bestimmen unsere Lebenseinstellung und unsere Lebensperspektive und damit letztendlich über unsere gesamte Lebensqualität. Denn: **Gedanken haben Kraft!**

Die gute Nachricht ist, dass wir es selber in der Hand haben, wie diese Kraft in unserem Leben eingesetzt wird. Wir sind der Macht unserer Gedanken nicht einfach ausgeliefert, denn Gott hat uns Kontrolle darüber gegeben. Diese direkte Verbindung zwischen unseren Gedanken und der Entwicklung unseres Lebens finden wir in der Bibel deutlich beschrieben. In Sprüche 23,7 steht: **„So wie wir in unserem Herzen denken, so sind wir."**

Mit anderen Worten: "Wohin unsere Gedanken gehen, dorthin folgt auch der Rest von uns."

Wenn wir Gutes denken, werden wir zu einer positiven Person, die produktiv ist und sich ihres Lebens freuen kann. Wenn wir im Gegensatz dazu negativen Gedanken Raum geben, werden diese uns beeinflussen und uns den Zugang zur Freude und wahren Erfüllung verbauen.

Es ist so leicht, allen möglichen Gedanken nachzugehen, die uns täglich durch den Kopf wandern – sogar den negativsten Gedanken. **Aber Gott möchte**, dass wir die Chance wahrnehmen, um an Positives und Produktives zu denken.

Wir müssen nicht zulassen, dass unsere Gedanken zum Mülleimer des Teufels werden. Wir können frei entscheiden, worüber wir nachdenken!

So oft versuchen negative Gedanken uns einzuschränken. Es heißt aber: **„Richtet also eure Gedanken nach oben und nicht auf die irdischen Dinge!" (Kolosser3,2).**

Seine Gedanken nach oben zu richten bedeutet, die Entscheidung zu fällen, sich auf das zu konzentrieren, was die Bibel sagt!
Mit Gottes Hilfe können wir es schaffen, indem wir uns bewusst dafür entscheiden, unsere Gedanken mit dem Wort Gottes in Einklang zu bringen.

Wenn wir denken wie Gott, dann haben unsere Gedanken die richtige Richtung und wir sind in der Wahrheit. Der Heilige Geist wird uns dabei helfen!

Durch das Studieren von Gottes Wort habe ich gelernt, wie ich Kontrolle über meine Gedanken ausüben kann.

Die Macht der Gedanken wird von mir selbst, mit Gottes Hilfe und dem Heiligen Geist hergestellt.

Ich bin der Weg, ich bin die Wahrheit, ich bin das Leben. Joh. 14.6

Er sagt nicht, er sei ein Weg, als würde es mehrere Wege zum Vater geben. Er macht ganz deutlich, dass es nicht mehrere Wege gibt, die zum Vater führen. Er sagte: **„Ich bin der Weg, niemand kommt zum Vater, denn durch mich!"**

Gott möchte einfach nur durch uns hindurch leben. Wenn wir geben, gibt er durch uns. Wenn wir lieben, liebt er durch uns. **Das ist das Geheimnis eines gesegneten Lebens!**

Den Menschen ist es egal, wie viel du weißt, bis sie wissen, dass sie dir nicht egal sind.
Ich bin nur ein einziger Mensch. Aber immerhin einer. Ich kann nicht alles tun. Aber ich kann wenigstens etwas tun. Und weil ich nicht alles tun kann, **will ich mich nicht weigern, das zu tun, was ich tun kann.**

Helen Keller

Warum tut Gott nichts? Er sagt: „Ich arbeite durch Menschen. Ich warte darauf, **dass mein Volk aufsteht und etwas tut.“**

Bei Jesus ging es darum, Gutes zu tun, **und das sollten wir auch tun.** Dann leben wir Liebe!

Die Liebe Gottes ist in mir und wo ich auch hingehe, **wird sie aus mir herausstrahlen.**

Im Verlauf unseres Lebens erleben wir negative Dinge. Wir werden enttäuscht und erfahren Schmerzhaftes. Menschen lassen uns fallen. Situationen nehmen plötzlich eine unerwartete Wendung. Das gehört zum Leben dazu, **doch der Teufel will, dass wir uns fragen: „Gott, liebst du mich denn nicht?"**

In der Bibel steht klar und deutlich, dass Gott uns liebt (siehe Epheser 2,4-5). Und doch ertappen wir uns immer wieder bei dem Gedanken: **"Gott, liebst du mich denn nicht?"**
Was wir in solchen Momenten brauchen ist keine Veränderung unserer Lebensumstände, wir brauchen eine Offenbarung von Gott.

Wer alles schwer nimmt, hat nie einen guten Tag. Wer guten Mutes ist, hat immer Festtag (Sprüche 15,15)

Anders ausgedrückt: wir können uns selbst unglücklich machen, indem wir in ängstliche Grübeleien verfallen und uns um unsere Lebensumstände Sorgen machen. Oder wir lassen Freude zu, indem wir Gott vertrauen, der uns versprochen hat, alle Dinge zum Guten zu wenden. (Römer 8,28)

Wir sollten uns innerlich auf das Wort Gottes ausrichten, **denn wir werden erst dann die Dinge erleben, die Gott für uns bereithält, wenn wir aufhören, uns nach unseren Gedanken und Gefühlen zu richten.**

Ist das Nichts?

Du bist jung und du sagst: „Es gibt nichts auf der Welt, was dich hält. Da wär nichts, was sich lohnen könnt in deiner Welt" und du sagst:" Du siehst wirklich in nichts einen Sinn" und dann wirfst du alles hin. Ist das Nichts, dass du suchst, dass du zweifelst und fragst. Ist das Nichts, das du traurig warst und wieder lachst. Ist das Nichts, dass du sagen kannst, ich esse mich satt, während irgendwo jemand kein Reiskorn mehr hat. Ist das Nichts, dass du helfen kannst, wenn du nur willst. Ist das Nichts, dass du Sehnsucht nach irgendwas fühlst, dass du lebst, wo die Freiheit ein Wort nicht nur ist, ist das Nichts, ist das wirklich nichts?

Hör mir zu, meinst du nicht, es wär wirklich Zeit für ein klein wenig Dankbarkeit! Du verkriechst dich und sagst: „Du siehst nirgends ein Ziel." Schau dich um auf der Welt auf dich wartet so viel! Es gibt Menschen, die würden gern tauschen mit dir, es liegt auch ein wenig an dir. Ist das Nichts, dass du weißt, wo du schläfst heute Nacht. Ist das Nichts, wenn ich sag, ich hab an dich gedacht? Ist das Nichts,

wenn du ahnst, dass es irgendwen gibt, an
den du zwar nicht glaubst, und der trotzdem dich liebt. Ist das Nichts dieser, dieser
Sonnenstrahl auf deiner Haut. Ist das
Nichts, das ein Mensch dir verzeiht und
vertraut.
Ja, du lebst, wo die Freiheit ein Wort nicht
nur ist. Ist das Nichts, ist das wirklich
Nichts?
Hör mir zu, meinst du nicht, es wär
wirklich Zeit für ein wenig Dankbarkeit!

Es wär so schön, so wie du zu sein.

Du schenkst der Welt deine Fröhlichkeit.
Bleib wie du bist und genieße die Zeit –
Träum deine Träume und flieg zum Mond,
wo unsere Sehnsucht wohnt.

So wie du möchte ich sein, möchte die Menschen erfreun, wo du bist, kann man das Glück erleben.

So wie du möchte ich sein, du kommst niemals allein, denn mit dir kommt auch die wahre Freude am Leben. Du wärmst die Herzen mit deiner Kraft, so wie es sonst nur die Sonne schafft. Mit deinem Lächeln wird diese Welt tagtäglich neu erhellt. So wie du, möchte ich sein!

Liebe

Liebe ist: „Sie ist die Bereitschaft, Dinge zu opfern, die man mag, damit ein anderer es im Leben besser haben kann!" Das ist Liebe.

Wir meinen, dass Gott uns nur dann liebt, wenn wir nicht sündigen und stets die besten Absichten verfolgen. Doch ich sage: **Nichts, was wir tun, kann uns je**

trennen von der Liebe Gottes – nicht einmal die Sünde!

Wenn wir uns als Sünder von Gott abwenden, geht er uns nach, weil er uns liebt. Er wird unsere Aufmerksamkeit immer wieder auf sich lenken. Bis zu unserem letzten Atemzug. Mancher denkt jetzt: Ja, aber ich muss zuerst aufhören zu sündigen. Wenn ich jetzt aufhöre zu sündigen, liebt mich Gott bestimmt mehr. Und wenn ich mir in meinem Leben dann noch mehr Mühe gebe, wird Gott mich auch noch mehr lieben. Das ist ein gewaltiger Trugschluss!

Wenn man näher zu Gott kommen will, darf man dieses oder jenes nicht mehr tun. Aber der Beginn ist nicht, nicht mehr zu sündigen. **Der Beginn ist, die Liebe Gottes anzunehmen und seine Liebe zu erwidern.**

Wenn wir Gottes Liebe in uns aufnehmen und mit unserem ganzen Herzen nach der Liebe Gottes streben, wie nach dem Reich

Gottes, und wenn wir Gottes ungeteilte Liebe in unserem Herzen haben, wird sich unser ganzes Leben ändern.

Sobald Gottes Licht in unser Herz hineinkommt, kann dort keine Finsternis mehr herrschen. Wir müssen wissen, dass Gott uns genauso liebt, wie ein Vater jedes seiner Kinder auf ganz besondere Weise liebt.

Leider sind viele Christen **nur Fans** von Gott. Sie meinen alles über ihn zu wissen und halten ihr Bibelwissen für die größte Sache auf Erden.

Wir dürfen zu Gott kommen, wie wir sind, **aber wir dürfen nicht so bleiben!**

Bobby Schuller

Frisches Wasser muss fließen

Der See Genezareth empfängt vom Jordanfluss frisches Wasser und lässt im Gegenzug frisches Wasser in den Jordan fließen – das Wasser fließt ständig, bleibt frisch und erhält das Leben. Das Tote Meer erhält hingegen vom Jordan einen kontinuierlichen Zustrom an frischem Wasser, aber es fließt nichts heraus – das ganze Wasser ist salzig und dient weder den Menschen und Tieren, noch den Pflanzen.

Bei vielen von uns ähnelt das Leben eher dem des Toten Meeres als dem des Sees Genezareth. Wir gehen in die Kirche, lesen unsere Bibeln und beten, aber tun der Welt **nichts** Gutes. So werden wir dem Toten Meer ähnlich. Wenn auch das lebendige Wasser in unser Leben hineinfließt, werden wir nichts davon spüren und es wird rein gar nichts in unserem Leben bewirken, solange es nicht hinausströmt in das Leben von anderen Menschen.

Um Gott zu spüren, müssen wir ihn uns

durchströmen lassen. Gerade wenn wir unser Leben dem widmen, ein Licht der Welt zu sein, Menschen zu helfen und einen positiven Unterschied zu bewirken, werden wir spüren, wie Gott uns durchströmt. Das ist eine erstaunliche Erfahrung. **Versuche es!**

Bobby Schuller

Die Wunde in unserem Herzen

Nach Meinung des französischen Mathematikers und christlichen Philosophen Blaise Pascal leiden wir unser Leben lang an einer geistlichen Wunde, und zwar an der Stelle, wo wir uns von Gott losgerissen haben. Darum leiden wir so sehr in unserem Inneren. Es befindet sich ein Loch, ein Vakuum in unserer Seele. Der Einzige, der diese Leere exakt ausfüllen kann, ist Gott selbst. Und solange der

Mensch ihn immer wieder ablehnt, wird dieses innere Loch nie ausgefüllt und geheilt werden. Pascal beschreibt auch, wie der Mensch mit dieser Situation umgeht. Anfänglich ist sich der Mensch der wahren Natur dieser Leere nicht bewusst. Also versucht er ständig, sie mit allen möglichen Dingen zu füllen, weil er diese Leere spürt. Obwohl Dinge wie Sport, Essen oder Beziehungen an sich gut sind, vergiften die Menschen ihr Leben damit, weil sie sie nur als Füllstoff gebrauchen. Ihre Seele wird dadurch nicht gefüllt. Weil eine Beziehung zu Gott das Allerwichtigste ist, bleibt diese Wunde so lange bestehen, bis wir begreifen und einsehen, dass Gott immer bei uns ist. Wir müssen verstehen, dass nur Gott in der Lage ist, dieses innere Loch zu füllen. Und diese Erfüllung können wir nur erfahren, wenn wir nicht nur im Kopf, sondern vor allem auch tief in unserem Herzen dieses Wissen tragen, dass Gott bei uns ist.

Ich möchte drei häufige Gründe dafür nennen, warum wir bewusst oder unbewusst meinen, dass es Gott überhaupt nicht gibt oder dass er in diesem Augenblick weit entfernt von uns ist und sich nicht sonderlich um uns kümmert.

Der erste Grund ist, dass wir nicht glauben, dass Gott wirklich existiert. Natürlich hoffen wir das insgeheim oder stellen uns das zumindest vor, aber viele sind in ihrem Herzen nicht wirklich davon überzeugt. Meiner Meinung nach **ist die ganze Schöpfung geradezu ein Fingerzeig auf die Existenz Gottes.** Auch wenn wir nicht auf jede unserer Fragen eine Antwort bekommen, so macht die Schöpfung zumindest deutlich, dass es einen Schöpfer und damit einen Gott gibt. Die ganze Schöpfung ist ein Fingerzeig für die Existenz Gottes. Denken wir nur an die Art und Weise, wie eine Biene Nektar aus einer Blume saugt und ein perfektes

Achteck für den Honig baut, den wir so gerne auf unser Croissant streichen. Diese Perfektion ist ein Wunder! **Gott existiert.**

Ein zweiter Grund, weshalb wir oft nicht erkennen, dass Gott uns nahe ist, ist die Vorstellung, dass Gott irgendwie böse und zornig auf uns ist, wegen unserer Sünden und Schwächen. Gott aber liebt uns, so wie wir sind, **aber wir dürfen nicht so bleiben.** Ändern wollen wir uns aber nicht!

Der dritte Grund dafür, warum Gott uns so weit entfernt erscheint, ist die falsche Annahme, dass Gott an uns nicht interessiert ist. Der Gedanke, dass Gott ausgerechnet mich mögen und sich um mich kümmern sollte, wo es doch sieben Milliarden Menschen auf dieser Welt gibt, ist verständlich. Es ist jedoch falsch zu meinen, dass man unter all den vielen Menschen nur dann von Bedeutung ist,

wenn man berühmt ist, mein kleines
Leben hat keinerlei Bedeutung.
Wir dürfen glauben, Gott hat uns nie
verlassen und liebt uns so wie wir sind,
aber wir dürfen nicht so bleiben!

Bobby Schuller

Das Beste im Menschen sehen

Um zu sehen, wie Jesus, müssen wir das
Beste in den Menschen sehen. Wenn wir
das Beste in den Menschen sehen, dann
rufen wir damit das Beste in ihnen hervor.
Wenn wir das Schlechteste in Menschen
sehen, rufen wir das Schlechteste hervor.
Wenn wir jemanden sehen, der höflich ist
und ihm das sagen, sieht er uns als
jemanden, der ihn für höflich hält. Das ist
nichts, was er wieder verlieren möchte.
Wenn wir sagen, dass jemand sehr freundlich, wohltätig oder großzügig ist, können

wir zusehen, wie derjenige noch mehr gibt.

Bobby Schuller

Das Fünf-Meter-Prinzip

Wir sind berufen jeden Menschen in unserem Umkreis von 5 Metern zu erreichen. Jesus sagt, wir sind berufen unseren Nächsten zu lieben.

Also tatsächlich, die Menschen in unserer Nähe. Wir denken oft, es bedeutet jeden in der ganzen Welt zu lieben und zu erreichen.

Nein, wir sind berufen, die Menschen in einem 5 Meter Radius um uns herum zu erreichen.

Liebesdienst

Liebe und Mitgefühl! Mehr als alles andere weist die Liebe uns Christen aus. Liebe ist die wichtigste Sache unseres Glaubens. Jemand, der keine Liebe hat und behauptet Christ zu sein, ist kein Christ. Liebe ist das, was uns Gott und Jesus am ähnlichsten macht.

Beten für Menschen:
Wir können für jeden beten. Alles, was wir machen müssen, ist zu sagen: „Herr, ich bete für …" Ich bitte dich, dass du eingreifst. Im Namen Jesu bete ich. Amen"

Ein stiller und aufmerksamer Zuhörer:
Viele reden viel zu viel! Wenn Menschen leiden, dann brauchen sie meistens keine Antworten, keine Beratung oder schlaue Ratschläge. Sie brauchen nur jemanden,

der da ist, **einfach nur bei ihnen sitzt und nichts sagt.**

Ein stiller und aufmerksamer Zuhörer zu sein, hat etwas unglaublich Kraftvolles. Stelle Fragen, aber versuche nicht, Antworten zu geben. Wir können keine gebrochenen Herzen heilen, das kann nur Jesus allein. Aber wir können an der Heilung **teilhaben** und das ist etwas Gutes.

Erzähle Deine Lebensgeschichte
Das ist einer der besten Wege, jemanden dazu zu bringen zu sagen: Weißt du, ich glaube, ich werde das mit Jesus mal ausprobieren. Wenn Du in einer christlichen Familie aufgewachsen bist, dann beschreibe es anderen. Z.B. kannst Du sagen: „Ich bin als Kind in einer Familie aufgewachsen, in der die Bibel gelesen und an Jesus geglaubt wurde. Unser Leben war nicht perfekt und auch meine Eltern

haben Fehler gemacht, aber es hat etwas Besonderes, diese Grundlage zu haben.

Lade jemanden in den Gottesdienst ein

Wir laden ständig Leute zu irgendwelchen Dingen ein. Zu einem Abendessen oder zu einem gemütlichen Kaffeetrinken usw. **Sag einfach: „Hey, warum kommst du nicht einmal mit in den Gottesdienst? Lass uns einmal zusammen den Gottesdienst erleben!"**

Die Hoffnung beginnt nicht damit, dass wir unsere Arbeitsstelle zurück bekommen. Sie beginnt nicht damit, dass alle unsere Erwartungen erfüllt werden. **Sie beginnt mit Anbetung!**

Bobby Schuller

Wenn durch einen Menschen ein wenig Liebe und Güte, ein wenig mehr Licht und

Wahrheit in der Welt war, **dann hat sein Leben einen Sinn gehabt.**

Von dem Menschen, den wir lieben, **wird immer etwas in unseren Herzen bleiben,** etwas von seinen Träumen, etwas von seiner Hoffnung, etwas von seinem Leben, etwas von seiner Liebe.

Nichts, wirklich gar nichts ist lebenswert ohne Liebe. Aller Sinn des Lebens ist erfüllt, **wo Liebe ist.**

Die Summe unseres Lebens **sind die Stunden, in denen wir liebten.**

Liebe ist Leben und Leben ist Liebe, denn wer nicht geliebt hat, der lebte nicht.

Wenn auch die Menschen sterblich sind, die ich liebe, so ist doch das unsterblich, was ich an ihnen vor allem liebe.

Wenn ein geliebter Mensch von uns gegangen ist, so bleibt er doch **Bestandteil** unserer Welt – nicht nur in der Erinnerung.

Wenn wir wollen, können wir ihn spüren, jetzt und überall: in jedem Sandkorn, in jedem Windhauch, in jedem Sonnenstrahl, im Duft jeder Blume, im Rauschen des Regens, im Funkeln der Sterne.
Das ist Unsinn!

Die Zeit eines Menschen ist von Anfang an begrenzt. Wenn Gefühle und Liebe, Sorge und Aufrichtigkeit deren Inhalt waren, **bleibt Unglaubliches zurück.**

Viele Menschen treten in dein Leben, aber nur wenige hinterlassen Spuren in deinem Herzen.

Kennen sie Jesus? Was hat er denn heute zu ihnen gesagt?

Vom Verfasser des Liedes **„Ich bete an die Macht der Liebe"** Gerhard Tersteegen wird folgende Geschichte berichtet: Einmal begegnete Tersteegen einigen Matrosen, die sich bisher dem Evangelium widersetzt hatten. Als sie den frommen Mann sahen, beschlossen sie, ihm einen bösen Streich zu spielen. Als Tersteegen mit freundlichem Gruß vorübergehen wollte, vertraten sie ihm den Weg und stülpten ihm einen mit Fischen gefüllten Korb über den Kopf. Doch wenn die rohen Gesellen geglaubt hatten, nun würde der Überfallene schimpfen, so hatten sie sich getäuscht. Tersteegen nahm ruhig den Korb vom Kopf, säuberte sich das Gesicht und sagte ruhig: „Mein Herr Jesus hat einst am Kreuz eine Dornenkrone getragen, **da werde ich wohl auch einmal einen Fischkorb tragen können."**

Sprach`s und wollte weitergehen. Aber die Männer waren durch diese Antwort **wie geschlagen; sie wurden ganz still, gingen ihm nach und baten ihn für ihre rohe Tat um Verzeihung.**
Wer denkt da nicht an Jesu Wort: „**Selig sind die Sanftmütigen, denn sie werden das Erdreich besitzen!"**

Gott hat nie den Zeitenlauf aufgehalten oder sich gegen den Lauf der Dinge gestellt, selbst den Kindermord zu Bethlehem hat er nicht aufgehalten, **aber er hat immer sein Eigentum zu bewahren gewusst.**

Vorträge sollen überzeugen. Predigten wollen gewinnen. Aber: Rede, was du willst – was in deinem Leben nicht ablesbar ist, **glaubt dir kein Mensch!**

Aus der Sünde eine Tugend gemacht

Ich bin nun mal so. Man muss mich so nehmen, wie ich bin! Ich bin schon alten Gläubigen begegnet, die es fertig brachten, aus der Sünde eine Tugend zu machen. Man sollte es kaum glauben. Es war ein alter Bruder, der sich vergeblich bemüht hatte, Herr zu werden über sein barsches Wesen, über seine groben, heftigen Worte. Endlich gab er den Kampf auf. Er blieb der alte Grobian, der er immer gewesen. Nur sagte er jetzt, sich in die Brust werfend:

„Wissen sie, ich bin so ein alter, ehrlicher Mensch, ich sage es jedem frei heraus, was ich denke, ich halte mit meiner Meinung nicht hinter dem Berge!"

Ach, der Bruder ist ein Sklave seines barschen, heftigen Temperaments, **und er** rühmt sich dessen, als ob es eine Tugend sei!

Es hat immer Einwände gegen Jesus gegeben

Jede Generation hat sie neu formuliert. Die unauffällige, bescheidene Herkunft versperrt anspruchsvollen Leuten den Weg. Wir sollten es besser wissen. Jesu Autorität sollte eben nicht auf Bildung, Geld, Macht gestützt werden. Sie sollte immer wieder auf den göttlichen Ursprung hinweisen. Sie stammt aus einer anderen Welt und trägt göttliches Gütezeichen!

Über zwei Dinge **sollten wir nachdenken:** 1. Glauben wir wirklich daran, dass Zeit und Stunde unseres Lebens von Gott bestimmt sind?

2. Halten wir auch die Orte unseres Lebens als von Gott zugewiesen?

Ich habe noch nie gesehen, dass derjenige, der glaubt, zuschanden wird. Ich habe auch noch nie gesehen, dass derjenige, der treu war, zu kurz kam. Aber wir haben schon oft gesehen, dass die Gottlosen keinen Frieden haben. Alle, die dem Herrn dienen, werden nicht zuschanden, sondern von Tag zu Tag weiter geführt bis zum herrlichen Ziel.

Wie kommen Jesus und sein Geist in ein Menschenherz,

um dort zu wohnen? Lassen wir uns die so entscheidende Frage von Jesus selbst beantworten: Er sagt: **„Wer mich liebt, der wird mein Wort halten, und mein Vater wird ihn lieben, und wir werden zu ihm kommen und Wohnung bei ihm machen."** (Joh. 14)

Was die Lebensmittel für den Körper, das sind die Gnadenmittel für die Seele. Was der Sauerstoff für das leibliche, das ist Gottes Wort für das geistliche Leben. Begebe ich mich in einen Raum, in dem kein Sauerstoff ist, muss ich sterben **und ist mein Lebensraum nicht mit Gottes Wort erfüllt, erstirbt früher oder später das geistliche Leben, meine Seele.**

Kommen auch wir einmal in die Lage, Farbe zu bekennen, oder pendeln wir ganz normal durch den Alltag, **und keiner merkt, wohin und zu wem wir gehören?**

Was weißt du schon von Gott, wenn du nie mit ihm sprichst!

Ich bin der Weg und ihr folgt mir nicht. Ich bin die Wahrheit und ihr glaubt mir nicht. Ich bin das Leben und ihr vertraut mir nicht. Ich bin das Wort und ihr hört mich nicht. Ich bin das Licht und ihr seht mich nicht. Ich bin die Liebe und ihr liebt mich nicht.

Gebt nicht mir die Schuld, wenn ihr unglücklich seid!

Wie so oft: Was nicht sein darf, kann nicht sein. Also: weil man nicht an Auferstehung glauben darf, glaubt man lieber an das Phänomen, dass Millionen Menschen überreizten Nerven Gehör schenken und für ein Gerücht ihr Leben einsetzen.

Die Seele ernährt sich von dem, worüber sie sich freut.

Eine Stelle in der Welt, ein einziges Teilchen wenigstens, können wir verändern: **das ist das eigene Herz.**

Glauben heißt mit Gott rechnen!

G ottes
L iebe
A uch
U nter
B itterem
E rleben

Wer die Wahrheit sucht, sucht Gott, ob es ihm klar ist oder nicht!

Es ist merkwürdig, dass die Menschen über die wichtigsten Dinge im Leben **so wenig nachdenken!**

Gegen deinen Willen wird er dich nicht einmal in den Himmel zwingen. Dort sind nur Freiwillige.

Der Tod der Kirche

Die Gleichgültigkeit seiner Gemeinde forderte den Pfarrer von Yonterton dazu heraus, in der Tageszeitung den Tod der Kirche zu Yonterton anzuzeigen und zu deren Beerdigung am Sonntag einzuladen. An diesem Tage war die Kirche bis auf den letzten Platz gefüllt. Der Pfarrer wandte sich an die Besucher und bat, dass jeder einzeln an dem vor dem Altar stehenden Eichensarg vorbeidefilieren und sich den Toten im Sarge dabei genau anschauen soll. Halten die Gemeindemitglieder danach die Wiederbelebung der Kirche noch für möglich, sind alle zu einem Dankgottesdienst eingeladen. Der Pfarrer öffnete den Sarg. Jeder sah in diesen hinein und erblickte nicht die gesamte tote Kirche, aber ein Glied derselben, nämlich sich selbst, **denn der Pfarrer hatte einen Spiegel hineingelegt.**

Es ist seltsam,

dass wir das meist nur bei den anderen sehen: Da ist jemand vier Wochen krank und empört sich über die Lieblosigkeit der Menschen, die ihn nicht besuchen, aber darüber, dass er vierzig Jahre lang sich nie um einen Kranken gekümmert hat, darüber regt er sich nicht auf.

Kein Richter in der Welt

spricht einen Verbrecher frei, weil er eine tiefe Verbeugung gemacht, gefastet, ein Kaninchen geopfert und ein Räucher-kerzchen angezündet hat.
Aber Gott sollte sich beeinflussen oder beeindrucken lassen, durch Niederknien, Brand- und Rauchopfer?

Die Riegel an den Fenstern des Himmels

Habt ihr schon einmal darüber nachgedacht, auf welcher Seite eigentlich die Riegel an den Fenstern des Himmels sitzen? Ihr denkt, auf der Seite Gottes! O Nein! Die sitzen auf unserer Seite. Stellt euch mal vor, hinter den Fenstern des Himmels liegt der Segen Gottes wie ein großer Weizenhaufen auf dem Kornboden. Sobald das Fenster aufgemacht wird, strömt der Segen herunter. Die Riegel sitzen auf unserer Seite. Machen wir unsere Riegel zurück, **dann wird der Segen Gottes fließen!**

Meinungen über Pfarrer

Wenn er bei der Predigt laut spricht, dann schreit er. Wenn er normal spricht, versteht man nichts. Wenn er ein eigenes Auto besitzt, ist er weltlich gesinnt. Wenn er keines hat, geht er nicht mit der Zeit. Wenn er die Gemeindeglieder besucht, dann schnüffelt er überall herum und ist nie zu Hause. Wenn er zu Hause ist, macht er nie Hausbesuche. Wenn er sich beim Gespräch Zeit lässt, dann macht er es zu lange. Wenn er es nicht tut, dann hört er die Menschen nicht an. Wenn er die Kirche renovieren lässt, dann wirft er unnötig Geld hinaus. Wenn er es nicht tut, dann lässt er alles zugrunde gehen. Wenn er jung ist, hat er keine Erfahrung. Wenn er alt ist, sollte er sich pensionieren lassen. Wenn er stirbt, ist niemand da, der ihn ersetzt.

Komisch

Komisch, dass ein Euro nach so viel aussieht, wenn du ihn der Kirche gibst, aber so wenig, wenn du damit einkaufen willst.

Hände, die teilen, erzählen von Gott.

Die Frucht des Lichtes ist lauter Güte und Gerechtigkeit und Wahrheit.   Epheser 5.9.

Komisch wie lange es dauert, Gott für eine Stunde zu dienen, aber wie schnell 60 Minuten bei unserem Hobby vergehen.

Komisch, wie schwer es ist, die gute Nachricht weiterzugeben, aber wie leicht es ist, den neuesten Klatsch und Tratsch weiterzuverbreiten.

Komisch, wie wir der Zeitung glauben, aber in Frage stellen, was die Bibel sagt.

Immer wenn ich glücklich bin, klingt ein kleines Lied in mir und ich flüstere: Gott ich danke dir!

Die wahre Größe des Menschen besteht darin, dass er seine Knie vor dem allmächtigen Gott beugen darf.

Was ist Glück?

Glück ist am Morgen gesund zu erwachen.
Glück ist ein fröhliches Kinderlachen.
Glück ist nie im Leben hungern zu müssen.
Glück ist einen lieben Menschen zu küssen.
Glück ist ein Freund, der stets zu Dir hält.
Glück ist Frieden für alle auf dieser Welt.
Glück ist einander Freude zu bereiten.
Glück ist zu helfen in schwierigen Zeiten.

Glück ist auch, wenn Du es freudig verschenkst und nicht nur an Dich selber denkst.
Darum behalte es niemals allein für Dich, denn nur wenn Du es teilst, dann ver-doppelt es sich.

Das hat alles Platz in eines Menschen Herz!

Ein bisschen was vom Glück und
ein bisschen was vom Leid.
Ein bisschen was vom Sonnenschein,
ein bisschen Regenzeit,
ein bisschen große Liebe und
ein kleiner Scherz.
das hat alles Platz in eines Menschen
Herz.

Ein bisschen was vom Traum und
Ein bisschen Wirklichkeit,

ein bisschen was von Gestern,
ein bisschen was von Heut,
ein bisschen was vom Himmel und
ein bisschen Erdenschmerz,
das hat alles Platz in eines Menschen
Herz.

Nur ein Lächeln

Nur ein Lächeln, nur ein Lächeln und ein Fremder wird zum Freund und viel leichter trägt sich manche schwere Last.

Nur ein Lächeln und Dein Kind, es sieht Dir an, dass Du ihm den dummen Streich verziehen hast.

Nur ein Lächeln für den alten Mann im Park, der aus Einsamkeit schon mit den Möwen spricht.

Nur ein Lächeln, so ein freundlicher Blick, steht uns unsagbar gut zu Gesicht.

Nur ein Lächeln, wenn man sich im Hausflur sieht und da kann man noch so sehr in Eile sein.

Nur ein Lächeln aus dem Autofenster heraus, gehört die Vorfahrt Dir auch ganz allein.

Nur ein Lächeln, macht ein anderer etwas schlecht, und ist selber man auch tausendmal im Recht.

Nur ein Lächeln und so ein freundlicher Blick, steht uns unsagbar gut zu Gesicht.

Nur ein Lächeln und die Mauer, die rund um uns die Argwohn und die Ängste bauend, zerbricht.

Nur ein Lächeln, so ein freundlicher Blick, steht uns unsagbar gut zu Gesicht.

Nur ein Lächeln, es verhindert keinen Krieg, doch es trägt ein Stückchen Frieden in die Welt.

Nur ein Lächeln, ja, das ist es, was uns fehlt, in dem sogenannten Ernst des Lebens.

Nur ein Lächeln, nur ein Lächeln in einer Zeit, die von uns will, dass man Härte zeigt, statt Liebe und Gefühl.

Nur ein Lächeln und wenn Du dann endlich stehst vor mir und wir fühlen, bleib hier, dann sag: „ja", sag: „ja"

Nur ein Lächeln, bringt uns anderen nah !

Einige Tipps, welche Dir das Leben leichter
machen

**Gehe jeden Tag 10 Minuten spazieren
und während du gehst, lächle.**

Sitze in der Stille für mindestens 10
Minuten pro Tag

Wenn du morgens aufwachst,
vervollständige die
folgende Aussage:
Mein Ziel heute ist es…..

Lebe mit den 3 E's:
Energie Begeisterung Mitgefühl

…und den 3 F's: **(Faith)**
Vertrauen Familie Freunde

Verwende mehr Zeit mit Personen die **über 70** sind und mit solchen , die **unter 6** sind.

Träume mehr, **während du wach bist.**

Versuche, täglich **mindestens 3** Personen zum Lachen zu bringen

Das Leben ist nicht immer fair, **aber dennoch schön!**

Du musst **nicht jedes** Argument gewinnen. Stimme Unstimmigkeiten zu.

Vergleiche dein Leben nicht mit anderen. **Du hast keine Ahnung, wohin ihre Reise geht!**

Lasse Kerzen brennen, benutze das schöne Schreibpapier. Bewahre es nicht für eine besondere Gelegenheit auf. **Heute ist das Besondere!**

Niemand ist zuständig für Dein Glück –
außer Du selbst!

Vergib allen für alles.
Wie gut oder schlecht die Situation auch
sein mag, **es wird sich ändern.**

Laß alles los, was dir nicht nützlich, nicht
schön oder freudig ist.

Egal wie Du Dich fühlst, steh auf, kleide
Dich, **und zeig Dich!**

Rufe Deine Familie und Freunde oft an.

Jede Nacht bevor Du schlafen gehst,
vervollständige die folgende Aussage:
„**Ich bin dankbar für…**

Werde stille!

Und kannst du nicht ertragen,
Was dir gegeben ist,
Daß du in schweren Tagen
Oft hilflos, zweifelnd bist,

Dann laß dich doch umfangen
Von seiner Liebe Glut!
Er, der zum Kreuz gegangen,
Weiß, was dir not und gut.

Er trug all deine Sünden
Zum Kreuzesstamme hin
Und hilft dir überwinden
Des Lebens dunklen Sinn.

Nun werde wirklich stille!
Dank seiner Gnadenwahl
Führt dich des Vaters Wille
Dereinst zum Freudensaal!

Herbert Eichler

Herstellung und Verlag:
BoD - Books on Demand, Norderstedt

ISBN 978-3-7460-7552-5